细节决定成败

文德 编著

中国华侨出版社

·北京·

在提倡精细化管理的今天，细节对于企业更是有决定生死成败的威力。企业的细节管理是一个长期的积累过程，它不会在市场上引起立竿见影的效果，带来直接的经济效益。对产品质量精益求精的追求，对管理力臻完善的谨慎，对顾客一点一滴的关爱，都是砌就企业品牌大厦的砖砖瓦瓦。一个不注重细节的企业必定是一个产品粗糙、管理粗糙、服务粗糙的企业。千里之堤，毁于蚁穴，一个漏洞百出的企业怎能经得起市场风雨的吹打？同样，对于个人，你的一言一行、一举一动无不展现着你独特的素质和修养。展示一个完美的自己很难，因为它需要每一个细节都完美；但是毁掉自己很容易，它只需要疏忽一个小细节。

可见，成也细节，败也细节。作为20世纪世界上最伟大的建筑师之一的密斯·凡·德罗，曾经只用五个字来描述他成功的原因，即"细节是魔鬼"。他阐释说，无论你的建筑设计方案是多么气势恢宏、美轮美奂，只要疏忽一个细节，就绝对成就不了一个杰出的建筑。细节的威力如此强大，不仅对一个建筑、一个人、一个企业，甚至对一个国家都有着相当的意义和价值。

在几千年前老子就曾经说过："图难于其易，为大于其细。

天下难事，必作于易；天下大事，必作于细。是以圣人终不为大，故能成其大。"因此，对于个人来说，能把每一件简单的事做好就是不简单，能把每一件平凡的事做好就是不平凡。对于企业来说，也只有从"大处着眼，小处着手"，也才能在目前的精细化时代，打造企业品牌，铸就企业辉煌！

细节无处不在，细节出神入化。对于企业，细节就是创新，细节就是机遇，细节就是财富，细节就是决定生死成败的关键；对于个人，细节体现素质，细节决胜职场，细节攸关幸福，细节隐藏玄机，细节具有决定命运的力量。这本《细节决定成败》将全方位、多角度地向您展示细节的全部奥秘。相信开启此书，您定会领悟到成功道路中细节的力量。

目 录

1

第一章

天下大事，必作于细
——改变对小事的观念和态度

世界级的竞争在于细节

中国有句老话叫"三百六十行，行行出状元"，不过，随着社会的飞速发展，社会分工越来越细，新兴职业越来越多，职业更替的周期也在不断加速。据统计，中国目前已经有了1800多种职业，并且还有逐年增加的趋势。

分工越来越细，专业化程度越来越高，是社会历史发展的必然趋势。从古典经济学派的亚当·斯密、大卫·李嘉图到萨伊、马克思、马歇尔、熊彼特、凯恩斯、萨缪尔森等几乎所有的经济学家，都把分工看成工业化进程不断深化、劳动生产率不断提高的重要根据。按照自然分工和市场要求形成的社会产业链，被认为经由市场那只神秘的"看不见的手"巧妙安排的，从而符合社会整体利益最大化要求的天然产物。

经济学的开山鼻祖亚当·斯密的首要观点就是分工，讲专业化分工如何发展。市场经济的发展一定是越来越专业化的竞争，国际上许多优秀大企业都是上百年专注于一个领域，把工作做足、做细，然后再涉足相关领域，而不是到处插手、盲目多元化。

1981年于瑞士Apples市成立的罗技电子（Logitech）是全世界知名的电脑周边设备供应商，当初罗技只是依靠生产鼠标和键盘进入电脑周边设备行业。鼠标和键盘是电脑最基本、最不可缺少的外设配件，同时也是价钱较低、获利较少的配件，因此对于电脑行业的巨头们根本无法产生吸引力，这便给了罗技一个契机。从此，罗技走上了鼠标和键盘生产的专业化道路，经过了数年的努力，罗技不仅在该行业中站稳了脚跟，而且已然成为全球最大的鼠标和键盘的生产供应商。

对此，汪中求先生认为这对中国的企业，尤其是中、小企业有很大的借鉴意义。他一直不主张搞盲目的多元化，因为中国的企业95%都是中、小企业，多元化基本上是陷阱而不是馅饼。中国的企业如果能在专业化上下足功夫，把产品做精，把质量做细，一定会获得高速的成长。浙江、广东的很多企业在这一点上做得非常好。最有代表性的就是鲁冠球的杭州万向节厂。整个20世纪80年代鲁冠球集中力量生产汽车万向节，实施"生产专业化，管理现代化"以后，又实现"产品系列化"，使当初只有7个人、4000元资产的小厂一跃成为有数亿元资产的大型企业。2003年，鲁冠球位列中国富豪榜第4名，资产达54亿元。

但是世界上有很多企业家并不知道"钻石就在自己的脚下"的道理，他们喜欢像蜜蜂一样，在全国和世界各地飞来飞去，寻找他们的生意机会，显得异常忙碌。其实完全没有必要，因为在你自己的后院里就可能有很多处理不完的好买卖，只要自己一件一件做好就能够赚大钱。

在美国，一个名叫赫博的人经历过一件惨事：破产！赫博很多年来一直是一个精明的建筑商，他不断地周游全国，以规模越来越大的高层写字楼和公寓楼群给自己立下了一个又一个的纪念碑。但最终他还是破产了。

后来他和他的朋友在一起谈起他的故事。赫博说："你知道，在忍受出差去远方城市开发大项目带来的所有不适和不便的同时，我花费了大量钱财。那是一个永远结束不了的噩梦：与飞机场行李搬运工、票务代理商、空姐、出租车司机和旅馆服务员频繁打交道；忙于进出宾馆以及处理商务差旅所带来的一切麻烦，我做好了这些细节，结果到头来却是竹篮打水一场空。如果这些年我待在家里，每天只需要在我所住的那条街道上花一个小时来回散步，关注那些细微的变化，注意那些要出售的房产，几乎不用花费什么力气，我就可以轻而易举地赚到数百万美元。"

可见，"世界级的竞争，就是细节竞争"。在现代社会里，对细节的重视已经深入人心。作为一个企业的管理者，不仅要关注企业宏观战略的内容，更要注重企业微观方面的管理内容。企业的执行人员，要从细节入手把工作做细，从而在企业中形成一种管理文化，那就要注重战略百分百的执行，从而使企业具有极其强大的竞争威力。

但是，汪先生在书中论述说：现代管理科学的细化程度，远远赶不上现代化生产和操作中的细化程度。现代化的大生产，涉及面广，场地分散，分工精细，技术要求高，许多工业产品和工程建设往往涉及到几十个、几百个甚至上千个企业，有些还涉及几个国家。如一台拖拉机，有五六千个零部件，要几十个工厂进行生产协作；一辆上海牌小汽车，有上万个零件，需上百家企业生产协作。日本的本田汽车，80%左右的零部件是其他中小生产商提供的。一架"波音747"飞机，共有450万个零部件，涉及的企业单位更多。而美国的"阿波罗"宇宙飞船，则要2万多个协作单位生产完成。这就需要通过制定和贯彻执行各类技术标准和管理标准，从技术和组织管理上把各方面的细节有机地联系协调起来，形成一个统一的系统，从而保证其生产和工作有条不紊地进行。在这一过程中，每一个庞大的系统是由无数个细节结合起来的统一体，忽视任何一个细节，都会带来想象不到的灾难。

可以说，随着社会分工的越来越细和专业化程度的越来越高，一个要求精细化管理的时代已经到来。

那么对于企业而言，面对这样的一个时代，如何能够在激烈的市场竞争中立于不败之地呢？作为著名的企业顾问专家的汪先生认为，今后的竞争将是细节的竞争。企业只有注重细节，在每一个细节上做足功夫，建立"细节优势"，才能保证基业长青。

作为世界上著名的动画片制作中心的迪士尼公司就十分善于从细节上为观众和客人提供优质服务，从而使游人在离开迪士尼乐园以后仍然可以感受到他们服务的周到。他们调查发现，每天平均大约有2万名游人将车钥匙反锁在车里。于是他们抓住了这个细节，公司雇佣了大量的巡游员，专门在公园的停车场帮助那些将钥匙锁在车里的家庭打开车门。无须给锁匠打电话，无须等候，也不用付费。正是这样一个小小的细节，让成千上万的游客感受到迪士尼公司无微不至的服务。

迪士尼公司的服务意识与其产品一样优秀，因为公司内部流传一种"晃动的灯影"理论。所谓"晃动的灯影"，也是迪士尼公司企业文化的一部分。这一词语源自该公司的动画片《兔子罗杰》，其中有个人物不小心碰到了灯，使得灯影也跟着晃动。这一精心设计，只有少数电影行家才会注意到。但是，无论是否有人注意到，这都反映出迪士尼公司的经营理念一直臻于至善，从而使迪士尼公司越来越深入人心。

可见，这是一个细节制胜的时代：

国际名牌POLO皮包凭着"一英寸之间一定缝满八针"的细致规格，20多年在皮包行业立于不败之地；德国西门子2118手机靠着附加一个小小的F4彩壳而使自己也像F4一样成了万人迷……

细节造就完美。世上不可能有真正的完美，但无论企业也好，人也好，都应该有一个追求完美的心态，并将其作为生活习惯。目前，很多企业虽然有远大的目标，但在具体实施时，由于缺乏对完美的执着追求，事事以为"差不多"便可，结果是：执行的偏差，导致许多"差不多的计划"到最后一个环节已经变得面目全非。

企业经常面对的看似都是琐碎、简单的事情，却最容易忽略，最容易错漏百出。其实，无论企业也好、个人也好，无论有怎样远大的目标，但如果一个细节处理不能够到位，都会被搁浅，而导致最终的失败。"大处着眼，小处着手"，与魔鬼在细节上较量，才能达到管理的最高境界。

所以，世界级公司之间的竞争，其实就是细节的竞争。让每一个细节都将公司的理念发挥到极致，就形成了特色。有特色才能生存，才能壮大。细节无处不在，细节才能真正使企业的发展实现从0到1的质变。

战略：一切围绕细节

当今社会，企业越做越大，大得以前不敢想象，但不知道您有没有注意到，在这大的背后，企业对细节的重视度越来越高。其实这种现象是必然的。因为战略决定命运，而当今企业的战略往往就是"从细节中来，到细节中去"。这包含两个主要因素：

1.越能把握细节，战略定位越准确

战略管理大师迈克尔·波特认为：战略的本质是抉择、权衡和各适其位。

所谓"抉择"和"权衡"，就是我们所谈的每个战略制订前的调研分析，以便作出最后决定的过程；"各适其位"就是对战略定下来以后的具体细节的执行过程。那么，这个前期的过程，拆开来看，就是对每一个细节的关注。

兰德公司（RAND）是当今美国最负盛名的决策咨询机构，一直高居全球十大超级智囊团排行榜首。它的职员有1000人左右，其中500人是各方面的专家。兰德公司影响和左右着美国政治、经济、军事、外交等一系列重大事件的决策。

1950年，朝鲜战争爆发之初，就中国政府的态度问题，兰德公司集中了大量资金和人力加以研究，得出7个字的结论："中国将出兵朝鲜。"作价500万美元（相当于一架最先进的战斗机价钱），卖给美国对华政策研究室。研究成果还附有380页的资料，详细分析了中国的国情。并断定：一旦中国出兵，美国将输掉这场战争。美国对华政策研究室的官员们认为兰德公司在敲诈，是无稽之谈。

后来，从朝鲜战场回来的麦克阿瑟将军感慨地说："我们最大的失误是舍得几百亿美元和数十万美国军人的生命，却吝啬一架战斗机的代价。"

事后，美国政府花了200万美元，买回了那份过时的报告。

"中国将出兵朝鲜"7个字，字字无价。那380页的资料是兰德公司不知研究了多少细节问题才总结出来的。

军事上的战略决策要从研究每个细节中来，商战中的战略决策也同样如此。

麦当劳在中国开到哪里，火到哪里，令中国餐饮界人士又是羡慕，又是嫉妒。可是我们有谁看到了它前期艰苦细致的市场调研工作呢？麦当劳进驻中国前，连续5年跟踪调查。内容包括中国消费者的经济收入的情况和消费方式的特点，提前4年在中国东北和北京市郊试种马铃薯，根据中国人的身高体形确定了最佳柜台、桌椅和尺寸，还从香港麦当劳空运成品到北京，进行口味试验和分析。开首家分店时，在北京选了5个地点反复论证、比较，最后麦当劳进军中国，一炮打响。这就是细节的魅力。

众所周知，美国是"车轮上的国家"，汽车普及率居全球首位，每100人平均有约60辆车，目前在全美国有超过1亿辆车在行驶着。美国每年销售新车约1400万辆左右，是全球最庞大的单一汽车市场，所以美国又是全世界汽车业最重要、竞争最激烈的地方。

但是美国在汽车界龙头老大的地位逐渐在20世纪70年代石油危机之后发生了动摇，这主要是因为日本小型汽车的崛起。从70年代到90年代，日本汽车大举打入美国市场，势如破竹，给美国汽车市场造成巨大损失，追究其中的根源，就是在于日本汽车企业制定了"一切围绕细节"的战略决策。

丰田公司在汽车的调研这件事上，也表现出了日本人特有的精细。发生在美国的一件小事，说明了丰田公司市场调研的精细程度：

一位彬彬有礼的日本人来到美国，没有选择旅馆居住，却以学习英语为名，跑到一个美国家庭里居住。奇怪的是，这位日本人除了学习以外，每天都在做笔记，美国人居家生活的各种细节，包括吃什么食物、看什么电视节目等，全在记录之列。3个月后，日本人走了。此后不久，丰田公司就推出了针对当今美国家庭需求而设计的价廉物美的旅行车，大受欢迎。该车的设计在每一个细节上都考虑了美国人的需要，例如，美国男士（特别是年轻人）喜爱喝玻璃瓶装饮料而非纸盒装的饮料，日本设计师就专门在车内设计了能冷藏并能安全放置玻璃瓶的柜子。直到该车在美国市场推出时，丰田公司才在报上刊登了他们对美国家庭的研究报告，并向那户人家致歉，同时表示感谢。

正是通过这样系列细致的工作，丰田公司很快掌握了美国汽车市场的情况，5年以后，丰田终于制造出了适应美国需求的轿车——可乐娜。有一个关于可乐娜的广告宣传片是这样的：一辆可乐娜汽车冲破围栏腾空而起，翻了几个滚后稳稳落地，然后继续向前开。马力强劲、坚固耐用、造型新颖，同时价格低廉（不到2万美元）的可乐娜推向美国后获得巨大成功。当年丰田汽车在美国销售达3000多辆，是上年的9倍多。此后10年丰田汽车公司在美国不断扩展市场份额，1975年时已成为美国最大的汽车进口商，到1980年，丰田汽车在美国的销售量已达到58000辆，两倍于1975年的销售量，丰田汽车占美国进口汽车总额的25%。1999年，丰田公司在日本占据的市场份额从38%增加到40%以上，丰田还占据了东南亚21%的市场，差不多是最接近它的三菱汽车公司的两倍。

试想：如果日本丰田公司不做如此细致、准确的市场调研的话，能有现在这样辉煌的情形吗？

2.再好的战略，也必须落实到每个细节的执行上

汪中求先生一直认为，中国绝不缺少雄韬伟略的战略家，缺少的是精益求精的执行者；绝不缺少各类规章、管理制度，缺少的是对规章制度不折不扣的执行。好的战略只有落实到每个执行的细节上，才能发挥作用，也就是迈克尔·波特说的"各适其位"。

张先生在不到一年的时间中，在宝岛眼镜连锁店的两次经历让他在商业氛围中产生了真正的感动。第一次是在2003年3月初，那时张先生刚从南方来到现在工作的城市，对这个城市还不大了解。一天，路过宝岛眼镜，想起自己的眼镜架最近几天有点紧，压迫着太阳穴，很不舒服，径直走了进去。

刚进门，店内服务人员就向他问好，并询问他需要什么帮助。说明来意之后，服务人员把他领到一个柜台前，告知该柜台可以提供所需要的服务。由于柜台旁人很多，服务人员便让他坐在柜台附近的椅子上。坐下不久，服务人员端来一杯微微冒着热气的茶水，微笑着说："先生，先喝杯茶，桌子上的杂志您可以翻阅翻阅。很快就可以轮到你的。"张先生一边道谢，一边接过服务人员手中的纸杯。于是，一边喝水，一边翻阅杂志。没等多久就轮到了他，工作人员耐心地为他调整眼镜架的宽度，一次次试戴，直到他的感觉舒适为止。他很为工作人员发自内心的真诚感动，甚至感觉自己真的做了一回"上帝"。于是，提出付费，工作人员却微笑着说："这些服务是免费的。"但是，张先生仍然过意不去，再三提出付费的请求，但是工作人员坚持拒绝收取服务费用。

2004年1月上旬，张先生的镜架又出现不适的感觉：一边高，一边低。想起宿舍附近也有一家宝岛眼镜，便打算第二天去修一修。但是，考虑到服务免费的问题，又有一些说不出的难为情。不过，想到镜架价值较高，最终还是决定去宝岛眼镜维修镜架。第二天天气很冷，走进宝岛眼镜迎来的同样是一张张笑脸，询问可以提供什么样的帮助后，带领他到相关柜台，并搬来椅子让他坐下。不到一分钟，一位先生端来一杯热茶。张先生端在手中，明显地感觉到温度高于2003年3月那杯，联想到当天的室外温度，张先生顿时明白了这杯茶的温度所蕴含的真诚：细微之处替顾客着想。一想到此，另一种决定油然而生：下一次配镜一定选择宝岛眼镜。这是他发自内心的感动和决定，就像宝岛眼镜的真诚服务来自心灵深处一样。

关于海尔成功的秘密，张瑞敏这样说道："许多到海尔参观的人提出的问题跟企业管理最基础的东西离得太远，总是觉得好的企业在管理上一定有什么灵丹妙药，只要照方抓药之后马上就可以腾飞了。好的思路肯定非常重要，但饭要一口一口地吃，基础管理要一步一步地抓起来。"

海尔要求把生产经营的每一瞬间管住。在海尔，从上到下，从生产到管理、服务，每一个环节的控制方法尽管不同，却都透出了一丝不苟的严谨，真正做到了环环相扣、疏而不漏。如海尔生产线的10个重点工序都有质量控制台，每个质量控制点都有质量跟踪单，产品从第一道工序到出厂都建立了详细档案，产品到用户家里，如果出了问题，哪怕是一根门封条，也可以凭着"出厂记录"找到责任人和原因。

所以说，战略和战术、宏观和微观是相对的，战略一定要从细节中来，再回到细节中去；宏观一定要从微观中来，再回到微观中去。

做人不计小，做事不贪大

改革开放以来，我国出现了少有的蒸蒸日上、欣欣向荣的局面。这种形势为个人才能的施展搭建了舞台，使不少人走向辉煌，同时，又激发了不少人对成功的憧憬，为此去开拓、去拼搏。然而，任何事物都具有两重性，也引发了一些人一心只想做"大事"，幻想一夜成功、名扬四海。浮躁的心态，已成了一种常见的社会现象。

中国的大学经过1998年大规模扩招之后，大学生似乎一下子多了起来，扩招的学生也已经开始走向社会，就业压力骤增，现在社会上已出现"大学生毕业即失业"的说法。据《新闻周刊》转述，2003年7月6日教育部透露，毕业即签约的比例为：研究生80％，本科生60％，专科生、职高生30％。全国有106万名大学毕业生一时无法就业，还未包括此前毕业而未就业的大学生。学校、各级政府想尽办法，提高学生的就业率。但大学生人数增长更快，2003年212万人，2004年260万人，2005年320万人，压力越来越大。

细想想，中国的大学生真的是过剩了吗？

2003年11月份，汪中求先生应河南安阳市工商联的邀请，去安阳为企业作营销培训。当地的一位知名企业的厂长在与他交谈时说："我们厂子花了60多万美元进口了两台世界上最先进的设备，可是我们操作机器的人水平达不到，两台设备发挥不出应有的效益。"汪先生问他："你们厂里操作这两台设备的人是什么水平？"他回答："是大专毕业生，而据出口这台设备的美国公司说，操作这两台设备的最低要求应该是研究生水平，而且应具有良好的英语水平和良好的责任心。"汪先生说："那你为什么不引进一些研究生和本科生呢？"他有些难为情地说："安阳是个小地方，别说研究生，就是本科生都不愿意来。"

实际上安阳不能算小地方，应该说是地区中心城市。我们的大学毕业生们一心盯着京、津、沪等直辖市，次一点也要去省会城市，而中国众多的中小城市却找不到合格的人才，这是不是与当代的大学生心态有关系呢？

说到底，不在于大地方、小地方，大企业、小企业，是你愿不愿意真正从基层做起，是你知不知道自己的身价几何。

客观地讲，从事业发展的角度来看，不发达的地域反而给自己的机会多些。这些地区的经济及各项事业有待于起飞，急需人才，所以那些有志气、有专长、能吃苦的人，如果下决心到这样艰苦的地区开拓事业，同样可以找到机会，同样能够大有作为。

有一位法律学校的毕业生，家在一个小县城里。毕业时，很多同学利用关系千方百计想留到大城市里，他没有任何关系只好回县城。当时还很沮丧，后来他才意识到，回到偏僻地方也许是一次难得的机遇。因为当一个好律师，必须有很多实践机会。他发现整个县城没有一个正式的律师，他是唯一受过正规训练的人，领导十分器重他，把很多案子交给他来办。由于他潜心学习，很爱动脑子，办了好多大案子甚至是棘手案子，取得成就的他很快崭露头角，成了顶梁柱。后来，有一个考取正式律师的名额，自然非他莫属，他刚22岁就成了一名正式律师，并当上了律师事务所所长。相反，与他同期毕业留在大城市的同学，由于省城人才济济，实习的机会少，几年之后有的还没有单独办过案子，还是见习律师，有的还在当文书、做助手。见面的时候，同学们反而用羡慕的目光看他，说他是幸运儿、机遇好。其实，应该说这是落后、艰苦地域给了他磨炼提高的好机会，使他很快成才。正是从这个意义上说，艰苦的地域可以给有志青年提供有助于成长的机遇。

可见，能够做成大事之人都是从简单的、具体的、琐碎的、单调的小事中一步一步走过来的。把小事做好，把好事做大，是他们成就大事的基础和秘诀。

对此，老子早就说过："天下难事，必作于易；天下大事，必作于细。"对于企业而言，如果不重视细节的运营、用心浮躁、急功近利的话，那么很难有很大的发展。

据统计，世界500强企业的平均寿命是40～50岁，美国每年新生50万家企业，10年后仅剩4%，日本存活10年的企业比例也不过是18.3%，而中国大企业的平均寿命是7～8岁，中小民营企业平均寿命是2.9岁。这的确是一个很严酷的现实。

由于浮躁，有的企业前期势头不错，刚发展到了几千万元资产，就要搞多元化经营；刚搞到了几亿元，就要搞国际化，誓言几年之内进军世界500强云云。于是就头脑发热，盲目扩张；耳根发硬，听不进别人的意见；两眼发晕，看不到企业经营中的风险……

西方有句名言："罗马不是一天建成的。"说的就是做事一定要有坚忍的毅力，切忌浮躁。

与其苦苦追求缥缈的影子，不如脚踏实地一步一步前行。财富的聚敛方法也是同样的道理。

新加坡著名华人企业家、"橡胶"兼"黄梨"大王李光前有自己独特的经营方法。1928年他创建南益树胶公司时，鉴于许多胶商因把资金用来购买胶园与烟房而使资金周转不灵甚至倒闭的教训，采取与众不同的方式，没有把资金用来购买胶园与胶厂烟房；他的烟房除了在麻坡武吉巴西的旧烟房外，是租用别人的胶厂；树胶则向小园主收购。这种经营方式虽然利润较低，但流动资金充裕，可以随时调动。

李光前采取现金交易的原则，这也是与众不同的。小园主把胶液与胶丝卖给南益公司，除可一手拿钱一手交货外，在急需现款时还可以向公司预借。因此小园主都乐于与他交易，使公司不致缺货或断货，弥补了没有树胶园的短处。1929年，世界性经济危机爆发并波及新加坡，胶价暴跌，拥有大量胶园与胶厂的树胶商损失惨重，中小胶商更是纷纷破产。而李光前的南益公司即使在胶价最低时，也现金充裕，受到的损失最为轻微。

此后，李光前在经营方式上更为谨慎，凡是购买胶园或增建胶厂的资金，绝不向银行借贷。银行给予的贷款，只用作流动资金。由于他信用良好，1958年，南益集团曾向新加坡汇丰银行取得4500万元的抵押贷款，成为当时获得贷款最多的华人公司。因此，李光前曾经这样说过："凡是在工商业上最成功的人，就是最会利用银行信用的人。"后来，李光前进行多元化投资，其南益集团成为新加坡最大的企业集团之一。

邓小平同志说："发展是硬道理。"这是中国社会发展的大势所趋。求快、求发展是我们每个人的心愿，但如何做？这要求大家不论是做人、做事、做管理，都应当踏踏实实。从实际出发，从大处着手，从小事做起，拒绝浮躁，因此，要时刻牢记这样的一个口号："做事不贪大，做人不计小。"

要成大事，先做小事

俗语说"一滴水，可以折射整个太阳"，许多"大事"都是由微不足道的"小事"组成的。日常工作中同样如此，看似琐碎、不足挂齿的事情比比皆是，如果你对工作中的这些小事轻视怠慢，敷衍了事，到最后就会因"一着不慎"而失掉整个胜局。所以，每个员工在处理小事时，都应当引起重视。

工作中无小事，要想把每一件事情做到无懈可击，就必须从小事做起，付出你的热情和努力。士兵每天做的工作就是队列训练、战术操练、巡逻排查、擦拭枪械等小事；饭店服务员每天的工作就是对顾客微笑、回答顾客的提问、整理清扫房间、细心服务等小事；公司中你每天所做的事可能就是接听电话、整理文件、绘制图表之类的小事。但是，我们如果能很好地完成这些小事，没准儿将来你就可能是军队中的将领、饭店的总经理、公司的老总。反之你如果对此感到乏味、厌倦不已，始终提不起精神，或者因此敷衍应付差事，勉强应对工作，将一切都推到"英雄无用武之地"的借口上，那么你现在的位置也会岌岌可危，在小事上都不能胜任，何谈在大事上大显身手呢？没有做好小事的态度和能力，做好大事只会成为无本之木、无源之水，根本成不了气候。可以这样说，平时的每一件小事其实就是一个房子的地基，如果没有这些材料，想象中美丽的房子，只会是空中楼阁，根本无法变为实物。在职场中每一件小事的积累，就是今后事业稳步上升的基础。

美国已逝的总统罗斯福曾说过：成功的平凡人并非天才，他资质平平，却能把平平的资质，发展成为超乎平常的事业。

有一位老教授说起过他的经历："在我多年来的教学实践中，发觉有许多在校时资质平平的学生，他们的成绩大多在中等或中等偏下，没有特殊的天分，有的只是安分守己的诚实性格。这些孩子走上社会参加工作，不爱出风头，默默地奉献。他们平凡无奇，毕业分手后，老师同学都不太记得他们的名字和长相。但毕业后几年十几年中，他们却带着成功的事业回来看老师，而那些原本看来有美好前程的孩子，却一事无成。这是怎么回事？

"我常与同事一起琢磨，认为成功与在校成绩并没有什么必然的联系，但和踏实的性格密切相关。平凡的人比较务实，比较能自律，所以许多机会落在这种人身上。平凡的人如果加上勤能补拙的特质，成功之门必定向他敞开。"

人们都想做大事，而不愿意或者不屑于做小事，想做大事的人太多，而愿意把小事做好的人太少。事实上，随着经济的发展，专业化程度越来越高，社会分工越来越细，真正所谓的大事实在太少。因此，多数人所做的工作还只是一些具体的事、琐碎的事、单调的事，它们也许过于平淡，也许鸡毛蒜皮，但这就是工作、是生活、是成就大事不可缺少的基础。所以无论做人、做事，都要注重细节，从小事做起。一个不愿做小事的人，是不可能成功的。要想比别人更优秀，只有在每一件小事上比功夫。不会做小事的人，也做不出大事来。

看不到细节，或者不把细节当回事的人，对工作缺乏认真的态度，对事情只能是敷衍了事。这种人无法把工作当作一种乐趣，而只是当作一种不得不接受的苦役，因而在工作中缺乏热情。而考虑到细节、注重细节的人，不仅认真地对待工作，将小事做细，并且注重在做事的细节中找到机会，从而使自己走上成功之路。

我们普通人，大量的日子，很显然都在做一些小事，怕只怕小事做不好、小事也做不到位。身边有很多人，不屑于做具体的事，总盲目地相信"天将降大任于斯人也"。殊不知能把自己所在岗位的每一件事做成功、做到位就很不简单了。不要以为总理比村长好当。有其职斯有其责，有其责斯有其忧。如果力不及所负、才不及所任，必然祸及己身，导致混乱。所以，重要的是做好眼前的每一件小事。所谓成功，就是在平凡中做到不平凡的坚持。

周恩来位居总理之职，官不可谓不大，而他强调的却是"关照小事，成就大事"。他一贯要求身边的工作人员尽可能地考虑到事情的每个细节，最反感"大概""可能""也许"的做法和言语。一次在北京饭店举办涉外宴会，他问："今晚的点心是什么馅？"一位工作人员答道："大概是三鲜馅吧。"周恩来马上追问："什么叫大概？究竟是，还是不是？客人中如果有人对海鲜过敏，出了问题谁负责？"

周恩来总理正是以他这种一丝不苟的精神，不仅赢得了中国人民的爱戴，同样受到了国际友人的尊敬。尼克松说："对于周恩来来说，任何大事都是从注意小事入手这一格言，是有一定道理的。他虽然亲自照料每棵树，但也能够看到森林。"尼克松回忆道："我们在北京的第三天晚上应邀去看乒乓球表演，当时天已下雪，而我们预定第二天要去参观长城。周恩来离开了一会儿，通知有关部门清扫通往长城的路上的积雪。"

"海不择细流，故能成其大；山不拒细壤，方能就其高"。周恩来总理重视细节的作风，希望能够对我们改变观念起到一定的作用。有的朋友以为做了大官才能做大事，或者只想做大事，最终是不但成不了大事，反而连小事也做不好。

任何一位成功者都是磨炼出来的，人的生命具有无限的韧性和耐力，只要你始终如一地脚踏实地做下去，无论在怎样的处境，无论大事或小事，都不放松自我、不自暴自弃，你便可以创造出令自己和他人都震惊的成就。

不积跬步，无以至千里；不积小流，无以成江海。凡成就一份功业，都需要付出坚强的心力和耐性，你想坐收渔利，那只能是白日做梦。你想凭侥幸、靠运气夺取丰硕的果实，运气永远不会光顾你。

也许你勤奋地工作，到头来却家徒四壁、一事无成。但是，你如果不去勤奋工作，你就肯定不会有美满的生活，不会有成就。所以，如果你想成功，你就要去做，即使是小事。

大的利益源于小的付出

对艾伦一生影响深远的一次职务提升是由一件小事情引起的。一个星期六的下午，一位律师（其办公室与艾伦的同在一层楼）走进来问他，哪儿能找到一位速记员来帮忙——手头有些工作必须当天完成。

艾伦告诉他，公司所有速记员都去观看球赛了，如果晚来5分钟，自己也会走。但艾伦同时表示自己愿意留下来帮助他，因为"球赛随时都可以看，但是工作必须在当天完成"。

做完工作后，律师问艾伦应该付他多少钱。艾伦开玩笑地回答："哦，既然是你的工作，大约1000美元吧。如果是别人的工作，我是不会收取任何费用的。"律师笑了笑，向艾伦表示谢意。

艾伦的回答不过是一个玩笑，并没有真正想得到1000美元。但出乎艾伦意料，那位律师竟然真的这样做了。6个月之后，在艾伦已将此事忘到了九霄云外时，律师却找到了艾伦，交给他1000美元，并且邀请艾伦到自己公司工作，薪水比现在高出1000多美元。

一个周六的下午，艾伦放弃了自己喜欢的球赛，多做了一点事情，最初的动机不过是出于乐于助人的愿望，而不是金钱上的考虑。艾伦并没有责任放弃自己的休息日去帮助他人，但那是他的一种特权，一种有益的特权，它不仅为自己增加了1000美元的现金收入，而且为自己带来一项比以前更重要、收入更高的职务。

因此，我们不应该抱有"我必须为老板做什么"的想法，而应该多想想"我能为老板做些什么"。一般人认为，忠实可靠、尽职尽责完成分配的任务就可以了，但这还远远不够，尤其是对于那些刚刚踏入社会的年轻人来说更是如此。要想取得成功，必须做得更多更好。一开始我们也许从事秘书、会计和出纳之类的事务性工作，难道我们要在这样的职位上做一辈子吗？成功者除了做好本职工作以外，还需要做一些不同寻常的事情来培养自己的能力，引起人们的关注。

如果你是一名货运管理员，也许可以在发货清单上发现一个与自己的职责无关的未被发现的错误；如果你是一个过磅员，也许可以质疑并纠正磅秤的刻度错误，以免公司遭受损失；如果你是一名邮差，除了保证信件能及时准确到达，也许可以做一些超出职责范围的事情……这些工作也许是专业技术人员的职责，但是如果你做了，就等于播下了成功的种子。

付出多少，得到多少，这是一个众所周知的因果法则。也许你的投入无法立刻得到相应的回报，也不要气馁，应该一如既往地多付出一点。回报可能在不经意间，以出人意料的方式出现。最常见的回报是晋升和加薪。除了老板以外，回报也可能来自他人，以一种间接的方式来实现。

伟大始于平凡，一个人手头的小工作其实是大事业的开始，能否意识到这一点意味着你能否做成一项大事业、能否取得成功。

从前在美国标准石油公司里，有一位小职员叫阿基勃特。他在远行住旅馆的时候，总是在自己签名的下方，写上"每桶4美元的标准石油"字样，在书信及收据上也不例外，签了名，就一定写上那几个字。他因此被同事叫作"每桶4美元"，而他的真名反倒没有人叫了。

公司董事长洛克菲勒知道这件事后说："竟有职员如此努力宣扬公司的声誉，我一定要见见他。"于是邀请阿基勃特共进晚餐。

后来，洛克菲勒卸任，阿基勃特成了第二任董事长。

这是一件谁都可以做到的事，可是只有阿基勃特一个人去做了，而且坚定不移、乐此不疲。嘲笑他的人中，肯定有不少人才华、能力在他之上，可是最后，只有他成了董事长。

　　一人的成功，有时纯属偶然，可是，谁又敢说，那不是一种必然呢？

　　恰科是法国银行大王，每当他向年轻人回忆过去时，他的经历常会令闻者沉思起敬，人们在羡慕他的机遇的同时，也感受到了一个银行家身上散发出来的特有精神。

　　还在读书期间，恰科就有志于在银行界谋职。一开始，他就去一家最好的银行求职。一个毛头小伙子的到来，对这家银行的官员来说太不起眼了，恰科的求职接二连三地碰壁。后来，他又去了其他银行，结果也是令人沮丧。但恰科要在银行里谋职的决心一点儿也没受到影响。他一如既往地向银行求职。有一天，恰科再一次来到那家最好的银行，"胆大妄为"地直接找到了董事长，希望董事长能雇佣他。然而，他与董事长一见面，就被拒绝了。对恰科来说，这已是第52次遭到拒绝了。当恰科失魂落魄地走出银行时，看见银行大门前的地面有一根大头针，他弯腰把大头针拾了起来，以免伤人。

　　回到家里，恰科仰卧在床上，望着天花板直发愣，心想命运对他为何如此不公平，连让他试一试的机会也没给，在伤心中，他睡着了。第二天，恰科又准备出门求职，在关门的一瞬间，他看见信箱里有一封信，拆开一看，恰科欣喜若狂，甚至有些怀疑这是否在做梦——他手里的那张纸是录用通知。

　　原来，昨天恰科蹲下身子去拾大头针的细节，被董事长看见了。董事长认为如此精细小心的人，很适合当银行职员，所以，改变主意决定雇佣他。恰科是一个对一根针也不会粗心大意的人，因此他才得以在法国银行界平步青云，终于有了功成名就的一天。

人生的美德再没有比爱心来得更宝贵的了。它是一切美好事物的头。"如果把爱拿走，地球就变成一座坟墓了"。而当你献出心中的爱时，得到的爱会成倍地增加，甚至一个小小的爱心之举就会改变你的命运，让你一举成名。

韩国韩进企业集团的董事长赵重熏，原来只是在仁川干货运生意的一名司机，由于当时司机这一行业是很低贱的工作，所以他设立的韩进商场发展得一直很慢。使他真正发达起来的转折点，就是他做了富有爱心的一件事。

一天，赵重熏由首尔开车前往仁川，经过富平时，看到路旁有辆抛锚的轿车，是位美国女士的。他马上下车热心地帮这位美国女士修好车。令人意想不到的是这位女士竟然是驻韩美军高级将领的夫人，她在感激之余把赵重熏介绍给自己的丈夫。从此，这位企业家开始真正地起飞了。因为当时朝鲜战争结束不久，韩国国内物资极度匮乏，全靠美军援助。在这位驻韩美军高级将领的帮助下，赵重熏接下了美援物资运输这笔大生意，他开始日进斗金，快速发展起来。后来，在越南战争期间，他又利用和驻韩美军的亲密关系，获得了在越南从事军运的许可，从此赚到了1.3亿美元。

如今，韩进企业集团包括大韩航空在内，一年总营业额为12000亿元韩币。这一切成就的根源，就是赵重熏的爱心。

爱心的力量不可估量，它是一个人走向成功的内在动力。它不仅可以让你的心灵得到满足，重要的是，在你献出爱心的同时，他人会记住你的爱心，在你需要帮助的时候，他们也就会真心实意地支持你。爱心是互补的，只要你充满了爱心，你就会被别人的爱心所包围，这样的人自然更容易取得成功。

　　但是要培养出良好的"爱"的艺术并非轻而易举的事，它需要你通过自身的努力实践来获得。在生活中，你要处理好与同事、邻里和上司的关系，一旦他们有什么困难需要帮助时，你就要挺身而出，帮他们做一些力所能及的事。

　　总之，你要加强自我修养，多向一些修养好、品德高尚、富有爱心的人学习。毕竟人生因为有爱才有意义、有激情、有奔头。而能使你走向成功的唯一动力，也正是它——爱心。

第二章

千里之堤，溃于蚁穴
——忽视细节的代价

忽视细节让他屡屡败走大公司

人生一世，无论做人、做事，都要注重细节，从小事做起。由此，我们需要改变心浮气躁、浅尝辄止的毛病，提倡注重细节，把小事做细、做实。

可是，生活中偏偏有不少人总是忽略这些轻微的细节，结果往往栽在这些不起眼的小事上，张先生因为忽视细节致使屡屡败走大公司的事例可以充分说明这一点。

每年金秋十月，都是跳槽的高峰季节之一，而500强外资大公司又乘机把目光锁定各路精英的身上，同时各路精英也在搜索着自己钟情的大公司。但是，并非每位精英都能如愿以偿。连续向500强外资大公司发起了多次"冲击"的张先生感叹道："从6

月到国庆前夕，我先后参加了30家企业的面试，其中仅500强大公司就有TNT、东芝、三星、UPS、玫琳凯等，结果却无一过关。唉！我为何屡屡败走大公司？"

3年前，张先生毕业于某交通大学交通运输专业，到东北某大型国有集团找到一份工作。2年后，来到上海。不久就进了一家合资物流公司，在仓储部门任仓储调度。

2004年5月合同到期，已升迁到仓储主管的张先生离开了公司。踌躇满志的他把目光瞄准了500强外资大公司。可理想是美好的，现实是无情的，屡屡碰壁后，他的自信心开始动摇了。

张先生第一次面试的大公司是世界500强、全球4大快递公司之一的荷兰TNT的子公司——一家专做汽车配件的汽车物流公司。

5月上旬某日下午1点，他去参加面试。他先填写的是中文报名表。在填报具体职位时，他有点犹豫，便在空格中写了两个职位：运输主管和仓储主管。

面试官是两位中国人——一位人力资源部经理和一位物流部经理。自我介绍结束后，物流部经理首先问道："你为什么填两个职位，你到底应聘哪个职位呢？"张先生说："我学的是交通运输，在东北做过运输管理工作；来上海后又做了1年仓储管理工作，两个岗位都可以做。"

物流部经理用不太信任的口气说："我们要求有5年相关工作经验，你只工作了3年，经验不足！你以前做的是快速消费品，我们做的是汽车配件，你的专业经历不行！"尽管他竭力辩解，两位面试官还是不为所动。这次面试就这样流产了。

后来张先生分析其原因，觉得面试失败的主要原因虽是专业经历欠缺，但填两个应聘职位这一细节失误也难辞其咎。

8月下旬，张先生意外接到了东芝一家分公司的通知面试的电话，让他第二天上午10点过去面试，也是巧事，韩国三星公司也通知他在这天下午2点30分参加面试，一天应聘两家500强企业，他真是忙得有点昏头转向。此外，他还有点担心，万一他们用日语、韩语面试怎么办？他可从来没学过这些。

在等待面试时，张先生发现公司员工都说上海话，此时，他的心稍轻松了一些，毕竟上海话他能听懂一些。

但是一踏进小会议室时，张先生马上意识到了对面经理的眼神里有一丝失望——他的穿着太随意，只穿了一件旧的休闲T恤，头上的汗还没有擦干净。

自我介绍完后，她问："你的数据库编程水平怎么样？"他很奇怪：我是做物流或做仓储工作的，会操作就可以了。干吗要会数据库编程呢？于是他如实回答："数据库编程我不太懂。"面试中，她问了很多令人不愉快的问题，话里语间处处流露着不信任，似乎在审问一个囚犯。这使得张先生很气愤，于是没等她说完张先生就主动提出退出面试。

面试自然又失败了。张先生反省道："其原因可能就是第一印象不太好。虽然责任在自己，但我心里还是有气；你们主动找上我的，还那么苛刻，还专门问一些令人难堪的问题！"

怀着几分气愤的心情，下午他提前10分钟赶到了韩国三星的分公司。前台小姐很客气地将他领进一间会议室。他想这次应该有点戏了吧。会议室里坐着3个人：人力资源部经理、运作部经理和一位会说汉语但带着明显的口音，应该是韩国人。三人看起来都很友好和善。

他向他们微笑了一下，便用流利的英语作自我介绍。他的表述很快得到了他们的首肯。接着，韩国人用汉语问了一些问题："来上海几年了？""工作情况怎么样啊？"他都认真地作了回答。

可能是因为这段时间他不断地投简历、不断地参加面试，事前的准备有点松懈了。接到三星的面试通知后，他竟然想不起应聘的是哪个职位。他当然不能问面试官，便婉转地问："我应聘的职位有什么具体要求？"谁知，这些老江湖很快明白了张先生的心思。运作部经理当即问："你难道连这个职位的要求都不知道吗？"张先生慌忙辩解说："不是的，我是想了解清楚以后，便于将来迅速开展工作。"他很快微微地笑了一下："那是，那是！"接着，他又问了有关海关报关方面的问题。因为张先生的专业经历不大对口，他的回答不太理想。他居然边回答边做手势，可能是动作大了点，说着说着，他们突然大笑起来。张先生尴尬地看着他们。这次面试就在他们的欢笑和张先生的尴尬中收场了。

心情低落的张先生回到家里没精打采地打开电脑查信息。不查不知道，一查吓一跳：原来昨天他应聘三星公司的是物流专员！此时，他不觉感到有点羞愧了。原来这次面试失败的原因在于仓促上阵，对自己应聘的职位不了解，一些专业问题事先没准备。

仔细地分析张先生屡屡失败的原因，不难看出他忽略了面试中许多细微的小事：比如说面试前没有作充分的准备，尤其对应聘的职位了解得不太透彻，而且衣着打扮也不太合体，没有充分重视第一印象的作用，而且面试中没有注意言行举止，手舞足蹈，给人一种不注重仪表的感觉……但是还有一件至关重要的事情，那就是凡事都要有充分准备，切不可不作好准备，匆忙上阵，否则只有像张先生一样落荒而逃。

现在的社会，不再像过去"走一步，算一步"了。做什么事情，都得有准备才行。这好比一个人身体有了疾病，要到医院治疗，就必须预先经过检查、验血、照X光等诊断，然后才能治疗。做事预先计划周全，早作准备，才能事半功倍。如果做事前不作任何准备，临时抱佛脚，要想事情圆满成功，那就难了！

幽默大师林语堂，一生应邀作过无数场演讲，但是他不喜欢别人未经事先安排，临时就要他即席演讲，他说这是强人所难。他认为一场成功的演讲，只有经过事先充分的准备，内容才会充实。

对于一个如林语堂这么擅长演讲的学者，他都不作没有准备的演讲，可见事先准备工作的重要。

"凡事预则立。"每件事，只有事先作好相关的准备工作，到时才不至于手忙脚乱，才能把事情圆满地做好做完善。

苏格拉底说："没有经过考验的人生是一文不值的。同样，没有做事前准备的工作是不会一帆风顺的。"有了第一天的短短几分钟的准备过程，就能对第二天的工作有充分的认识，这样就知道第二天哪件事最重要、哪件事是应该最先做的，就能知道做事的轻重缓急和先后次序。相反，如果你在工作中无视准备，事前准备不充分，事后就会麻烦多多。

做任何事情，都要提前作好充分的准备。作为一个上班族，要想把第二天的工作做好，你最好在每天下班前的几分钟制订出第二天的工作计划，如果拖到第二天上午上班时候才制订工作计划表，那就很容易做得比较费劲，因为那时又面临新一天的工作压力。而前一天晚上就把第二天要做的准备工作做好，到第二天工作起来就会轻松多了。

在头一天做好准备工作，可以了解第二天每项工作可能发生的问题，并能采取预防措施，防微杜渐。

每一天都在作准备，每一天做的事情都是在为将来作准备，当你作好了充分的准备，机会来临时你就会抓住。

凡事作好准备，每一天都可以很轻松地达成你的目标。所有成功的人，都是凡事有准备的人。

一顿奢侈的晚餐吓走了外商

不拘小节常被人看作大度潇洒的表现：大礼不拘小让，做大事的人哪顾得了那些鸡毛蒜皮的小事？

错矣。知道吗？大事全部是由不起眼的小事组成的，唯有把每件小事做好，才有可能做成大事业。更何况，许多生活社交上的所谓小事也许不会给你带来明显的财富收入，却是一个人修养素质的全部体现，是一个人潜在的形象及人际资源方面的投资。但是，生活中有许多人并不重视这些诸如吃饭一样的小节，结果毁掉了大好的合作机会。

　　某国有企业与一家美国大公司商谈合作问题，这家企业花了大量功夫做前期准备工作。在一切准备就绪之后，公司邀请美国公司派代表来企业考察。前来考察的美国公司的代表在这家企业领导的陪同下，参观了企业的生产车间、技术中心等一些场所，对中方的设备、技术水平以及工人操作等，都表示了相当程度的认可。中方工厂非常高兴，设宴招待美方代表。宴会选在一家十分豪华的大酒楼，有20多位企业中层领导及市政府的官员前来作陪。美方代表以为中方还有其他客人及活动，当知道只为招待他一人之后，感到不可理解。美国代表在回国之后，发来一份传真，拒绝与这家中国企业合作。中方认为企业的各种条件都能满足美方的要求，对代表的招待也热情周到，却莫名其妙地遭到美方拒绝，对此也相当不理解，便发信函询问。美方代表回复说："你们吃一顿饭都如此浪费，要是把大笔的资金投入进去，我们如何能放心呢？"

　　对于这家企业来说，能得到一笔巨额投资对于其未来发展具有重要作用，所以这次合作是一件大事，但这件大事因为一顿饭的"小节"而毁于一旦。

　　如果说吃饭是一种"小节"，那么也有人因为重视这种"小节"而赢得了商业上合作的机会，可见细节的威力有时候是无穷的。

　　一个青年来到城市打工，不久因为工作勤奋，老板将一个小公司交给他打点。他将这个小公司管理得井井有条，业绩直线上升。有一个外商听说之后，想同他洽谈一个合作项目。当谈判结束后，他邀这位也是黑眼睛黄皮肤的外商共进晚餐。晚餐很简单，几个盘子都吃得干干净净，只剩下两个小笼包子。他对服务小姐说，请把这两个包子装进食品袋里，我带走。外商当即站起来表示明天就同他签合同。

因将吃剩下的两只小笼包带走这样极其平凡的小事感动了外商，使外商顺利地与他签订了合同，由此我们可以看出吃饭这等小事带给人的影响。

上面的例子充分说明了"小节"的重要性，可见小节非小，事事关大。但是生活中，总是有太多的人忽略这些所谓的小节，给自己的事业和人生带来巨大的障碍和麻烦。

不妨再举一件发生在我们周围的真人真事。

国内有家工厂，为了能从美国引进一条生产无菌输液软管的先进流水线，曾做了长期的艰苦努力，终于说服了对方。可是，也就是在签字的那一天，在步入签字现场那一刹那，中方厂长突然咳嗽了一声，一口痰涌了上来，他看看四周，一时没能找到可供吐痰的痰盂，便随口将痰吐在了墙角，并用鞋底蹭了蹭，那位精细的美国人见此情景不由得皱了皱眉。

显然，这个随地吐痰的小小细节引起了他深深的忧虑：输液软管是专供病人输液用的，必须绝对无菌才能符合标准，可西装革履的中方厂长居然会随地吐痰，想必该厂工人素质不会太高，如此生产出的输液软管，怎么可能绝对无菌！于是美国人当即改弦更张，断然拒绝在合同上签字——中方将近一年的努力也便在转眼间前功尽弃！

随地吐一口痰结果砸了一笔大生意，这难道不值得三思？

每天我们都置身于不同的场合，作为社交一分子，我们要做的就是让自己的行为与场合和身份相称。但是，偶尔一疏忽就会露出马脚，这个时候你不妨检查一下自己有什么细小的地方做得不妥当。

　　曾经有一位朋友说他不会与一家公司的另一位同学合作。于是有人惊讶地问他：大家都是同学，生意上又可互惠互利，为什么呀？他说："这么多年了还是一点长进都没有，我听着他嚼口香糖的声音就想吐。还有，我拉他去跟人家谈判，出来后我直为有这样的同学而丢人，他的形体语言太夸张了，时而摇头晃脑，时而拍手大笑，让对方觉着我们跟人家不在一个层面上，怎么做生意啊！"

　　据人所说，那位同学人不错，也有不少其他优点，但修养、礼仪上的这些小问题竟然给他带来如此大的负面影响，真是出乎人的意料。

　　现在就让我们来看看你的行为，你是否在当众打哈欠？在大庭广众中，你能忍住不打呵欠吗？打呵欠在社交场合中给人的印象是表现出你不耐烦了，而不是你疲倦。

　　有些耳痒的人，只要他看见什么可以用，就会随手取一支来掏耳朵，尤其是在餐室，大家正在饮茶、吃东西的当儿，掏耳朵的小动作，往往令旁观者感到恶心，这个小动作实在不雅，而且失礼。有些头皮屑多的人，在社交的场合也忍耐不住皮屑刺激的瘙痒而搔起头皮来。搔头皮必然使头皮屑随风纷飞，这不仅难看，而且令旁人大感不快。

　　宴会席上，谁也免不了会有剔牙的小动作，既然这小动作不能避免，就得注意剔牙的时候不要露出牙齿，更不要把碎屑乱吐一番，这是失礼的事情。假如你需要剔牙，最好用左手掩住嘴，头略向侧偏，吐出碎屑时用纸巾接住。

因此，由于自己不拘小节的习惯，而破坏了自己的形象，这实在不好，针对此必须注意：

手——最易出毛病的地方是手。以手掩住鼻子、不停地抚弄头发、使手关节发出声音、玩弄接过手的名片。无论如何，两只手总是忙个不停，很不安稳的样子。本来想使对方称心如意，谁知道却因为这样而惹人厌烦。

脚——神经质地不住摇动，往前伸起脚，紧张时后脚跟踮起等动作，不仅制造紧张气氛，而且相当不礼貌。如果在讨论重要提案时伸起脚，准会被人责骂。

在参加会议时更不要当众双腿抖动。这种小动作多发生在坐着的时候，站立时较为少见。这种小动作，虽然无伤大雅，但由于双腿颤动不停，令对方视线觉得不舒服，而且给人以情绪不安定的感觉，这是失礼的。同样，让跷起的腿钟摆似的荡秋千也是相当难看的姿态。

背——老年人驼背是正常的事，如果二三十岁的年轻人都驼背的话，可就不太好了。我们主张挺直腰杆和人交谈。

眼睛——目光惊慌，在该正视时，却把眼光移开，这些人都是缺乏自信，亦或隐藏着不可告人的秘密，这种人容易使人反感。然而直盯着对方的话，又难免会让人产生压迫感，使别人不满。因此只要能安详地注视对方眼睛的部位就可以了。

表情——毫无表情，或者死板的、不悦的、冷漠的、无生气的表情，会给对方留下坏的印象。应该赶快改正，不要让自己脸上有这种表情。为使说话生动，吸引对方，最好能有生动活泼的表情。

动作——手足无措、动作慌张，表示缺乏自信。动作迟钝、不知所措，会使人觉得没劲儿。昂首阔步、动作敏捷、有生气的交谈等会使气氛变得开朗。所以，千万别忘了人是依态度而被评价、依态度而改变气氛的。

不要以为这些小节不重要，它会严重影响你的社交形象，以至于影响你在他人眼中的印象，因此，为了不至于因小节伤大雅，因小节损伤自己形象，请从此刻起：密切关注生活中这些细微的小节，树立良好的形象，多方位地完善自我，最终使自己登上大雅之堂。

小疏忽带来大损失

从前屋檐下有一块石头，它非常坚硬也非常自信。它常常认为自己坚不可摧，非常看不起周围的朋友。

一天，一滴水从屋檐上掉下来，正好落在石头身上。石头觉得软软的一点感觉也没有。它非常轻蔑地问："小鬼，你这么柔弱，还敢向我挑战？"

水滴说："我虽然柔弱，但我有决心向你挑战！因为我有打败你的法宝！"

石头哈哈大笑起来："小小水滴，口气倒不小。快告诉我你有什么法宝能打败我？"

水滴说："我用你自己打败你。"

"哈哈哈——荒唐，你有我壮吗？你有我强吗？你有我硬吗？你有我大吗？凭哪一点，你都是我的手下败将。"

水滴说："就凭你自己，我就能战胜你！"

"你做梦吧！"

水滴说："只要我重视你、你忽略我的话，总有一天，我能战胜你！"

"我偏不信！想用这种办法来哄着我重视你。"

"那走着瞧吧！你必败的！"

石头哼哈着，根本没把水滴说的当回事。

水滴不停地滴在石头背上，月复一月，年复一年。石头照样唯我独尊，根本不在乎水滴。

好多年以后，石头背上出了一个大洞。石头终于醒悟过来了。它望着自己带有伤痕的身子，后悔地说："没想到我一个小小的疏忽，竟导致我如此悲惨的命运！"

是呀，后悔归后悔，但只要"前事不忘，后事之师"，买个经验教训也还是有它的意义的。可是悲剧还在重演，而且有时有愈演愈烈之势。

许多企业就像石头那样，两只眼睛只盯着那些表面的利益，却不去考虑其可能带来的损失，继续蒙骗顾客。

只有那种经营时不让顾客有丝毫的遗憾、不满，不再经营时让顾客遗憾万分的公司，才是真正经营成功的公司，才是名利双收的公司。

办企业一定要诚实，对所有顾客负责，靠欺骗顾客混日子是长久不了的。

做生意必须彻底实践对顾客应尽的礼仪和责任。不仅用嘴说要如何为顾客服务，而且要用实际行动实践这项义务。

如果发现公司有不合理的现象，要立刻设法铲除，不可姑息。对产品同样，不要因为是自己做的产品有了毛病就讳而不宣，等到让消费者发觉时，受损害的就不止你本人，很可能连整个公司的名誉，信用也受到拖累。

有着百年辉煌历史的爱立信与诺基亚、摩托罗拉曾经并世称雄于世界的移动通信业。但自1998年开始的3年里，当世界蜂窝电话业务高速增长时，爱立信的蜂窝电话市场份额却从18%迅速降至5%，即使在中国市场，其份额也从1/3左右迅速地滑到了2%！爱立信在中国的市场销售额一日千里地从手机销售头把交椅跌落，不但退出了销售三甲，而且还排在了新军三星、飞利浦之后。在中国这样一个快速成长的市场上，国际上很多濒危的企业一到这个市场就能起死回生、生龙活虎，爱立信却在这块风水宝地上失去了它往日的辉煌。

2001年，在中国手机市场上，大家去买手机时，都在说爱立信如何如何不好。当时，它一款叫作"T28"的手机存在质量问题。这本来就是一种错误，但更大的错误是爱立信漠视这一错误。"我的爱立信手机的送话器坏了，送到爱立信的维修部门，很长时间都没有解决问题；最后，他们告诉我是主板坏了，要花700块钱换主板。而我在个体维修部那里，只花25元就解决了问题。"这位消费者确切地说出了爱立信存在的问题。那时，几乎所有媒体都注意到了"T28"的问题，似乎只有爱立信没有注意到。爱立信一再地辩解自己的手机没有问题，而是一些别有用心的人在背后捣鬼。然而，市场不会去探究事情的真相，也不给爱立信以"伸冤"的机会，无情地疏远了它。

其实，信奉"亡羊补牢"观念的中国消费者已经给了爱立信一次机会，只不过，爱立信没能好好把握那次机会。

1998年，《广州青年报》从8月21日起连续3次报道了爱立信手机在中国市场上的质量和服务问题，引发了消费者以及知名人士对爱立信的大规模批评。而且，爱立信的768C、788C以及当时大做广告的SH888，居然没有取得入网证就开始在中国大量销售。当时，轻易不表态的电信管理部门的声明，证实了此事。至此，爱立信手机存在的问题浮出了水面。但爱立信一如既往地采取掩耳盗铃的方式来解决问题。据当时参加报道的一位记者透露，爱立信试图拿出几万元广告费来强行扼制消息的传播；爱立信广州办事处主任还心虚嘴硬地狡辩：我们的手机没有问题！既然选择拒不认错，爱立信自然不会去解决问题，更不会切实去做服务工作。

质量和服务中的缺陷，使爱立信输掉了它从未想放弃的中国市场。

无独有偶，美国也有类似的事件发生。但他们因事后采取的措施及时、正确，使得公司效益迅速回升，转危为安。

美国强生公司生产的泰乐诺胶囊是一种止痛药，1981年的销售额达到13.5亿美元，占强生公司总销售额的7%、利润的17%。1982年9月，一位患者服药后当天死亡。消息传出后，强生公司在止痛药的市场份额迅速由35.3％下降到7％，公司面临着巨大危机。公司迅速作出反应，妥善处理相关事宜。

结果，经过一番努力，在8个月后，公司重新赢得了35％的市场份额，使公司起死回生。

同样是面临这样的危机事件，爱立信输掉中国市场，而强生公司却转危为安。这其中的奥妙有多少人研究过呢？

其实并不是企业才有可能"千里之堤，溃于蚁穴"，就个人而言，有时也会因一个细节而栽跟头。

诸立昌的第一次求职经历，令他一生都难以忘怀。

诸立昌是大专生，3年里他勤奋学习，英语、写作、专业课样样不懈怠，业余时间还参加了会计本科考试，到毕业前诸立昌即将获得学士学位。对自己的功底诸立昌是颇为自信的。

诸立昌应聘的是一家全国知名的国有大型企业。人事部对他的资料相当满意，对他的英语水平和写作能力也很欣赏。也许是由于惜才之故，人事部主管对诸立昌极为客气，当即电话通知财务经理对他进行面试。10分钟不到，财务经理就来了。财务经理是一位十分瘦削的老先生，衣着朴素。几句寒暄之后，便转入正题，他说他想考几个会计科目方面的问题。如此简单的问题，让诸立昌不禁窃喜。"你说吧，你说吧。"诸立昌说，一点儿也不紧张。

考核极为顺利，对他的问题诸立昌几乎是不假思索，对答如流，同时还旁征博引，援引财政部最新颁布的有关会计法规加以论证。诸立昌想用自己的学识来赢得这位经理赏识。一个小时后，他被宣布录用了。成功如此之容易，骄傲的情绪自然也就滋长起来了。

上班的第一天，财务经理交给诸立昌的第一份工作就是依据凭证录入原材料明细账。这个过程极为简单，就是一个数字转抄的事儿。一千多张凭证诸立昌两天就抄完了。他不免有些看轻这份工作，言语之间有所流露。财务经理却依然是一副水波不兴的样子。到第七天开始与总账核对。诸立昌惊奇地发现自己竟对不上账。据其所登录明细金额，十次二十次地加总，与总账总是对不上。诸立昌慌了手脚，几千笔金额要查出错误可不是一件易事，反复核查几次后仍与总账对不上。诸立昌开始怀疑是总账有误。他再一次自信地找到财务经理，用极其肯定的语气告诉经理没有错，应该是总账错了。财务经理并没有直接回答诸立昌的话，只是笑了笑说："小伙子，世上好像任何事都是相对的，没有太绝对的吧。"诸立昌不以为然。财务经理将其录入的明细账拿去复核，结果不到10分钟就查出了一笔错误，322579误写成22579，二者之间相差近14倍！

诸立昌羞愧满面，无言以对。财务经理当即让诸立昌去人事部结账，他恳请经理能原谅自己的这次过错。而财务经理言出必行，毫无挽回的余地。临行时，财务经理意外地抽出时间和诸立昌谈心："小伙子，你很聪明，但人不能聪明得过了头。一开始你就很傲气，记不记得我问你问题时，你一连说了两个'你说吧'。我看你有才，姑且原谅你。这几天我交给你一个简单会计工作，旨在考察你，结果你完成得怎么样？照抄你都会抄错，你的能力何在？因为你这一错，公司有可能损失20多万元，这个责任是你负还是我负呢？本来我可以原谅你，但我今天不得不辞退你。我的年龄与你的父亲相当，正因为如此，我想如果今天不给你一个沉重的打击，你就不能吸取这个教训。请体会我的良苦用心。你不能怪我，要怪只能怪你自己没有迈好你的第一步。"

一份年薪6万元的工作就这样与他失之交臂了。从公司到学校是一段极长的路，平常都是公司的班车接送诸立昌上下班。而这天，诸立昌第一次要从公司走回去了。他为这错误的一步付出了高昂的代价。

可见，无论是企业还是个人，都不要忽略一些细小的错误，否则就有可能付出惨重的代价。

一个小阀门酿成大惨剧

一只雌猫爱上一位英俊的青年，就向女神阿弗洛狄忒祈祷，请求把它变成人的样子。女神被它的真情感动，就把它变成美丽的少女。青年看到这位少女，一见钟情，两人彼此爱慕，就结婚了。

有一天，阿弗洛狄忒想试探猫在变成人形后性格有没有改变，就在房间里放进一只老鼠。这时，猫忘记自己已经是人，就从床上跳下来，敏捷地捉住那只老鼠，放进嘴里吃掉。青年看到了以后，马上知道了真相，于是离开了妻子。

女神看了叹息一声，只好将它恢复成原来的模样。

且不论猫是否真的能变成少女、这个故事的可信度有多少，也不讨论青年该不该因为妻子曾是猫就离开她。单单说，仅仅因为这个细节，这只猫就毁掉了后半生的幸福，之前的努力也前功尽弃，只有再次做一只猫了。可见忽视细节的后果是惨重的，它有可能会毁了你的一生。

当然细节的威力决不仅仅在这上面了。不但一只猫的幸福可以被毁掉，甚至数以万计人的生命和未来，都有可能掉进细节编织的罗网里去。

20世纪初期，美国联合碳化物公司首先预见到从石油及天然气产品中炼制出合成有机化学品及塑料的发展潜力，并且作出了开创性的努力。这种远见引发了美国石油化学工业的诞生，同时联合碳化物公司也发展为世界主要化学公司。长期以来，由于公司一贯重视各个生产领域内的科学研究和发展工作，同时有一个明确的战斗方针，因此，一直在工艺技术上保持着领先地位。

至1983年，该公司的销售额达90亿美元，资产额达102亿美元，员工人数近10万人，在美国本土及海外各地共设有81家子公司。这在美国所有大公司中名列第37位。

然而，这家著名的跨国公司，在1984年因为管理上的疏忽，发生了一次毒气泄漏事故，造成3000余人丧生、5万人双目失明、20万人中毒、10万人终生致残的悲剧，酿成了20世纪以来最大的一起工业惨案。

1984年12月3日子夜，联合碳化物公司下属的印度博帕尔农药厂的一个储气罐的压力在急剧上升。储气罐里装的45吨液态剧毒性异氰酸甲酯（MIC）是用来制造农药西维因和滋灭威的原料。0时56分，储气罐阀门失灵，罐内的剧毒化学物质漏了出来，以气体的形态迅速向外扩散。由于缺少严格的管理和防范措施，事故发生后，生产工人惊慌失措，只顾自己逃跑，没有一人去实施抢救措施，也没有人向公司领导报告，直到毒气形成的浓重烟雾笼罩在全市上空。

从农药厂泄漏出来的毒气越过工厂围墙，首先进入毗邻的贫民区，数百名居民立即在睡梦中死去。火车站附近有不少乞丐因怕冷而拥挤在一起，毒气弥漫到那里，几分钟之内，便有10多人丧生，200多人出现严重中毒症状。毒气穿过庙宇、商店、街道和湖泊，飘过25平方英里的市区。那天晚上没有风，空中弥漫着大雾，使得毒气以较大的浓度缓缓扩散，传播着死亡。

发生事故的第二天早晨，博帕尔市好像遭到了子弹袭击一样，一座座房屋完好无损，但是到处是人和牲畜的尸体，好端端的城市变成了一座恐怖之城。

人们发现，市内的一条街道上，至少有200人死亡，半数以上是儿童，其中身体瘦小、发育不良的，成了最易受毒气残害的受难者。

街道上，死尸旁边倒着死尸。双目失明的人们你拉着我、我拉着你，张皇地惊叫着，不知道哪里才是安全的地方。

事故发生后，印度中央邦首席部长阿·辛格下令关闭这家工厂。然后警察以"玩忽职守，造成严重伤亡事故"的罪名，逮捕了公司的6名主要负责人。这件震惊世界的毒气泄漏事件发生后，联合碳化物公司破产倒闭了。

联合碳化物公司重视产品质量，也有明确的战斗方向，结果依然造成破产的悲剧，其原因就是因为管理上的细节没有做好。导致公司失败的最直接的原因就是因为没有及时发现安全阀门的失灵，这其实并非偶然的原因，而是因为公司平时在管理上就不严格。事故发生后，员工不知所措，也说明公司平时根本就没进行有关安全方面的培训，最终酿成巨大的悲剧。

千万不要忽略细节。一个细节的管理不善会造成如此严重的后果，所以，我们管理上、生产上以及企业运行的其他环节上，一定要注重细节。但是，生活中总有这样的悲剧发生，有时也许每个人只错一点点，却会使一条海轮最终沉没，"环大西洋"号海轮事件的发生就是一个例子。

当巴西海顺远洋运输公司派出的救援船到达出事地点时，"环大西洋"号海轮已经消失了，21名船员不见了，海面上只有一个救生电台有节奏地发着求救的信号。救援人员看着平静的大海发呆，谁也想不明白在这个海况极好的地方到底发生了什么，导致这条最先进的船沉没。这时有人发现电台下面绑着一个密封的瓶子，打开瓶子，里面有一张纸条，21种笔迹，上面这样写着：

一水理查德：3月21日，我在奥克兰港私自买了一个台灯，想给妻子写信时照明用。

二副瑟曼：我看见理查德拿着台灯回船，说了句这小台灯底座轻，船晃时别让它倒下来，但没有干涉。

三副帕蒂：3月21日下午船离港，我发现救生筏施放器有问题，就将救生筏绑在架子上。

二水戴维斯：离岗检查时，发现水手区的闭门器损坏，用铁丝将门绑牢。

二管轮安特尔：我检查消防设施时，发现水手区的消防栓锈蚀，心想还有几天就到码头了，到时候再换。

船长麦凯姆：起航时，工作繁忙，没有看甲板部和轮机部的安全检查报告。

机匠丹尼尔：3月23日上午理查德和苏勒的房间消防探头连续报警。我和瓦尔特进去后，未发现火苗，判定探头误报警，拆掉交给惠特曼，要求换新的。

机匠瓦尔特：我就是瓦尔特。

大管轮惠特曼：我说正忙着，等一会儿拿给你们。

服务生斯科尼：3月23日13点到理查德房间找他，他不在，坐了一会儿，随手开了他的台灯。

大副克姆普：3月23日十三点半，带苏勒和罗伯特进行安全巡视，没有进理查德和苏勒的房间，说了句"你们的房间自己进去看看"。

一水苏勒：我笑了笑，也没有进房间，跟在克姆普后面。

一水罗伯特：我也没有进房间，跟在苏勒后面。

机电长科恩：3月23日14点，我发现跳闸了，因为这是以前也出现过的现象，没多想，就将闸合上，没有查明原因。

三管轮马辛：感到空气不好，先打电话到厨房，证明没有问题后，又让机舱打开通风阀。

大厨史若：我接马辛电话时，开玩笑说，我们在这里有什么问题？你还不来帮我们做饭？然后问乌苏拉："我们这里都安全吗？"

二厨乌苏拉：我也感觉空气不好，但觉得我们这里很安全，就继续做饭。

机匠努波：我接到马辛电话后，打开通风阀。

管事戴思蒙：十四点半，我召集所有不在岗位的人到厨房帮忙做饭，晚上会餐。

医生莫里斯：我没有巡诊。

电工荷尔因：晚上我值班时跑进了餐厅。

最后是船长麦凯姆写的话：十九点半发现火灾时，理查德和苏勒房间已经烧穿，一切糟糕透了，我们没有办法控制火情，而且火越烧越大，直到整条船上都是火。我们每个人都犯了一点错误，但酿成了人毁船亡的大错。

看完这张绝笔纸条，救援人员谁也没说话，海面上死一样的寂静，大家仿佛清晰地看到了整个事故的过程。

这太多的悲剧向我们证实了当今企业界流行的一句话：把简单的事情千万遍地做对就是不简单，而把容易的事情千万遍地做对就是不容易。因为忽视细节，注定付出代价。

密斯·凡·德罗作为20世经世界上最伟大的建筑师之一，只用五个字来描述他成功的原因，即"细节是魔鬼"。

第三章

魔鬼在细节中
——认清细节的实质

细节是一种创造

有位医学院的教授，在上课的第一天对他的学生说："当医生，最要紧的就是胆大心细！"说完，便将一只手指伸进桌子上一只盛满尿液的杯子里，接着再把手指放进自己的嘴中，随后教授将那只杯子递给学生，让这些学生学着他的样子做。看着每个学生都把手指探入杯中，然后再塞进嘴里，忍着呕吐的狼狈样子，他微微笑了笑说："不错，不错，你们每个人都够胆大的。"紧接着教授又难过起来："只可惜你们看得不够心细，没有注意到我探入尿杯的是食指，放进嘴里的却是中指啊！"

教授这样做的本意，是教育学生在科研与工作中都要注意细节。相信尝过尿液的学生应该终生能够记住这次"教训"。

其实我们做企业更需要养成注意细节的习惯。所谓千里之堤，溃于蚁穴，但是细节更为宝贵的价值在于，它是创造性的、独一无二的。因为在每一个看似细小的环节中，都凝结着经营者点点滴滴的心血和智慧。台湾首富王永庆就是一个善于在经营中创新之人。

王永庆早年家里非常穷，根本读不起书，只好去别人的米行里做伙计。他做伙计期间，一边留心观察来来往往的各种人，特别是老板怎么谈生意，一边积累一点资金。

16岁那年，王永庆在老家嘉义开了一家米店。当时，小小的嘉义已有30家米店，竞争相当激烈。当时仅有200元资金的王永庆，只能在一条偏僻的巷子里租一个很小的铺面。他的米店地段偏僻，开得晚，规模小，没有任何优势。刚开张的时候，生意冷冷清清，门可罗雀。

王永庆就背着米袋，一家一家地上门推销，但效果就是不行。王永庆感觉到，要想立足米市场，自己就必须有一别人没做到或做不到的优势。仔细思量以后，王永庆决定在米的质量和服务上下工夫。

20世纪30年代的台湾，农村还非常落后，做饭的时候，都要反复地淘米，很不方便。但长期积累的习惯，买卖双方都见怪不怪。

王永庆经过长期的观察在这里找到了突破口。他带领弟弟一起动手，不辞辛苦，不怕麻烦，一点点的将米里的秕糠、沙石之类的杂物挑出来，再出售。

这样，王永庆店里米的质量就比别人的高一个档次，深受顾客的喜爱，生意也就一天天好起来了。同时，王永庆在服务质量上也更进了一步。当时，客户都是自己来买米，自己扛回去。这对年轻人来说，也许并没什么；对老年人来说，就有些不方便了。王永庆注意到了这一点，便主动送货上门。这就大大方便了顾客，尤其是一些行动不便的老年人。这些为米店树立了非常好的声望。

王永庆送货上门并不是简单地一放了事。他送货时，还要将米倒到米缸里。如果缸里有米，他就将旧米倒出来，擦干净米缸，然后将新米倒进去，把旧米放在上层。这样，使米不至于因存放时间过长而变质。这一精细的服务，赢得了许多顾客的心，使回头客一天天变多了。

不光如此，王永庆每次送货上门后，还要用本子记下这家的米缸有多大、有多少人吃饭、多少大人、多少小孩、每人的饭量如何等。他根据记载的情况估计顾客会什么时候要米。等时候一到，不用顾客上门，他就将相应数量的米送上门来了。

在送米的过程中，王永庆发现，当地的许多居民大多数都靠打工为生，经济条件不富裕，许多家庭还未到发薪的时候，就已经没钱花了。由于王永庆是主动送货上门的，货到要收款，有的顾客手头紧张，一时拿不出钱来，会弄得大家都很尴尬。于是，王永庆采取"按时送米、定时收钱"的办法，先送米上门，等他们发工资后，再约定时间上门收钱。这样方便了一些经济条件较差的顾客，同时在社会上树立了口碑。

酒香不怕巷子深。王永庆米行的生意很快就吸引了整个嘉义城。

经过一年多的资金积累和客户积累，王永庆便自己办了一个碾米厂，并把它设在最繁华的地段。从此，王永庆开始了向台湾首富的目标迈进。

事业发展壮大后，王永庆在管理企业时，同样注重每一个细节。他的部属深深为王永庆精通每一个细节所折服。当然也有不少人批评他"只见树木，不见森林"，劝他学一学美国的管理，抛开细节只管大政策。针对这一批评，王永庆回答说："我不仅做大的政策，而且更注意点点滴滴的管理，如果我们对这些细枝末节进行研究，就会细分各操作动作，研究是否合理、是否能够将两个人操作的工作量减为一个人，生产力会因此提高了一倍，甚至一个人兼顾两部机器，这样生产力就提高了4倍。"

一个企业要创新，必须加强对细节的关注。一向以创新意识著称的海尔集团总裁张瑞敏曾经说过："创新存在于企业的每一个细节之中。"

曾经留意到一家小餐厅内部的布置颇有一丝新意。各个餐桌上都摆上了一个颇有创意的牙签筒：筒体以"露露"的蓝、白色为基色，印有"露露"的LOGO，并且表面绘有与露露杏仁露包装罐体图案一致的图案，看似一件设计精美的艺术品；另外餐厅的墙壁上也挂上了一个很有个性的店表：整个店表同样以蓝、白为基色，配以红色的表针，表面中上端印有"露露"的LOGO，下半部分印有"喝露露葆健康""中国驰名商标""美容养颜、调节血脂、调节非特异性免疫"（露露宣传广告语）等字样，整个店表浑然一体，没有丝毫的杂乱之感。

小小的牙签筒，设计精美，图案简洁，色彩明快，告别了单调的白色，既为顾客的就餐消费提供了方便，同时又通过与产品包装罐体一致的图案设计吸引了顾客的眼球，形成了"露露"品牌极强的品牌联想力与品牌亲和力。据餐厅老板反映，露露牙签筒因设计精美、实用性强，存在比较严重的丢失现象，排除社会道德方面的因素，我们应该怎样从宣传效果的角度看待这一现象呢？结论只有一个："露露"的牙签筒受欢迎！不仅商家欢迎，消费者也欢迎。顾客吃完饭，把牙签筒拿回家，再配以家庭范围内的口碑宣传，最终使"露露"宣传品的宣传效果得到了放大。而"露露餐厅"以蓝、白为主色，红色为点缀，三色构成了"露露"宣传品的代表色，极易与周围餐厅的装潢风格融为一体，起到了一般宣传品所没有的装饰效果。还是听听餐厅老板对露露餐厅的评价吧："'露露'为我们考虑得很周到，并非单纯为了宣传他们自己，倒像是为装饰我们，虽说上面也有他们的宣传语，不过很简洁明了，可是谁看了还都知道是'露露'的东西，这个度很难掌握。不像有些厂家只顾自己宣传了，广告的感觉太浓，甚至地址、电话、联系人都写上了，显得太乱，我们不爱用，即使当时勉强用上，他们厂家的人一走，我们就赶快换了。"

也许，有的企业并不重视这些细小的事情，但在世界上凡是知名的服务企业都是非常注重从细节上提高服务质量，而且制订了明确的服务标准，一切为顾客设想的服务方式，添置了舒适的服务设施，重视提高员工的服务素质，努力为顾客提供细致入微、超越顾客期望的服务。

又如，美国希尔顿大酒店发现旅客最害怕的是在旅馆住宿会睡不着觉，即人们通常所说的"认床"，于是和全美睡眠基金会达成协议，联合研究是哪些因素促使一些人一换了睡眠环境，就会难以入眠，然后对症下药，消除这些因素。从1995年3月起，美国希尔顿大酒店用不同的隔音设备，为顾客配用不同的床垫、枕头等，欢迎顾客试用。通过一段时间的试验，摸索出一种基本上适合所有旅客的办法，从而解决了一些人换床后睡不着的问题。

我们的经营在于从细小处着手，致力于从细小处创新，把顾客置于真正"正常"的位置，给他们一个优良的服务环境，才能达到经营的效果。

细节是一种能力

人常说："世事洞明皆学问，人情练达即文章。"要想在生活中练就一双发现细节的眼睛，需要你经历一个长期积累，细致观察的过程，只有如此，你才能拥有鹰一样敏锐的目光，发现别人所关注不到的东西。

宋代的米芾是个大画家，专爱收集古画，甚至到了不择手段的程度。他在汴梁城闲逛时，只要发现有人在卖古画，总会立即上前细细观赏，有时还会要求卖画者把画让他带回去看看。卖画者认得他是当朝名臣，也就放心地把画交给了他，他便连夜复制一幅假画，第二天将假画还去而将真画留下。由于他极善临摹，那假画的确足以乱真，故此得到不少名人真迹。

又一日，当他又用此法将自己临摹的一幅足以以假乱真的假画还去时，画主人却说了一句："大人且莫玩笑，请将真画还我！"米芾大惊，问道："此言何意？"那人回答："我的画上有个小牧童，那小牧童的眼里有个牛的影子，您的画上没有。"米芾听罢，这才叫苦不迭。

上述这个极易被人忽略的小牧童眼里牛的影子，就是细节，而一向"稳操胜券"的米芾，也正是"栽"在眼中的牛这个小小的细节上！而画主人之所以能够发现这一细节，肯定是对于画作有着非凡的鉴赏力和卓越的观察力，这绝非一天两天的功夫。

类似的情节还常见于文学作品，《聊斋志异》中就有一篇故事。

有个老人一向为人豪爽，常常主动借钱接济四方。有个好赌的无赖听说此事，就找到老人也想借钱，老人于是答应了他。可也就在这时，老人却发现了这位借钱者的一个极其熟练的动作——这位借钱者见案头放着几枚铜钱，便伸出手来，将那几枚铜钱"高下叠放，如此再三"。老人立即由这个细节看出，此乃赌徒的习惯动作，故此不再借钱给他。

汪中求先生也曾在书中说过："素养来自日常生活中一点一滴的细节积累，这种积累是一种功夫。"为此他还特意举了一个例子：

某著名大公司招聘职业经理人，应聘者云集，其中不乏高学历、多证书、有相关工作经验的人。经过初试、笔试等四轮淘汰后，只剩下6个应聘者，但公司最终只选择一人作为经理。所以，第五轮将由老板亲自面试。看来，接下来的角逐将会更加激烈。

可是当面试开始时，主考官却发现考场上多出了一个人，出现7个考生，于是就问道："有不是来参加面试的人吗？"这时，坐在最后面的一个男子站起身说："先生，我第一轮就被淘汰了，但我想参加一下面试。"

人们听到他这么讲，都笑了，就连站在门口为人们倒水的那个老头子也忍俊不禁。主考官也不以为然地问："你连考试第一关都过不了，又有什么必要来参加这次面试呢？"这位男子说："因为我掌握了别人没有的财富，我本人即是一大财富。"大家又一次哈哈大笑了，都认为这个人不是头脑有毛病，就是狂妄自大。

这个男子说："我虽然只是本科毕业，只有中级职称，可是我有着10年的工作经验，曾在12家公司任过职……"这时主考官马上插话说："虽然你的学历和职称都不高，但是工作10年倒是很不错，不过你先后跳槽12家公司，这可不是一种令人欣赏的行为。"

男子说："先生，我没有跳槽，而是那12家公司先后倒闭了。"在场的人第三次笑了。一个考生说："你真是一个地地道道的失败者！"男子也笑了："不，这不是我的失败，而是那些公司的失败。这些失败积累成我自己的财富。"

这时，站在门口的老头子走上前，给主考官倒茶。男子继续说："我很了解那12家公司，我曾与同事努力挽救它们，虽然不成功，但我知道错误与失败的每一个细节，并从中学到了许多东西，这是其他人所学不到的。很多人只是追求成功，而我，更有经验避免错误与失败！"

男子停顿了一会儿，接着说："我深知，成功的经验大抵相似，容易模仿；而失败的原因各有不同。用10年学习成功经验，不如用同样的时间经历错误与失败，所学的东西更多、更深刻；别人的成功经历很难成为我们的财富，但别人的失败过程却是！"

男子离开座位，做出转身出门的样子，又忽然回过头："这10年经历的12家公司，培养、锻炼了我对人、对事、对未来的敏锐洞察力，举个小例子吧——真正的考官，不是您，而是这位倒茶的老人……"

在场所有人都感到惊愕，目光转而注视着倒茶的老头儿。那老头诧异之际，很快恢复了镇静，随后笑了："很好！你被录取了，因为我想知道——你是如何知道这一切的？"

老头儿的言语表明他确实是这家大公司的老板。这次轮到这位考生一个人笑了。

其实，这个考生从一进门就开始留意到这个倒茶水的老人的眼神、气度、举止等，看出他是这个企业的老板，说明他是一个观察力很强的人。这种洞察入微的功夫不是一朝一夕能够练就的，而需要长期的积累，在注重对每一个细节的观察中不断地训练和提高。这一点，对于一个人和一个企业来说都是相当重要的。

那些目光敏锐、头脑有准备的伟人、创业者，总能审时度势抓住机遇，取得成功。"商品"这个资本主义的产儿，自资本主义社会诞生之日起，就经常和人们打交道，走进千家万户。由于司空见惯，没有人对它特别注意。然而，马克思紧紧抓住了它，并花费毕生的精力研究、剖析它，从而揭开了资本主义社会的内幕和秘密，写出了巨著《资本论》。我国江西省某县民办教师段元星，在极差的条件下，长期坚持业余观测，用目测方法独立发现了一颗新星。

注意细节其实是一种功夫，这种功夫是靠日积月累培养出来的。谈到日积月累，就不能不涉及到习惯，因为人的行为的95％都是受习惯影响的，在习惯中积累功夫，培养素质。勉强成习惯，习惯成自然。爱因斯坦曾说过这样一句有意思的话："如果人们已经忘记了他们在学校里所学的一切，那么所留下的就是教育。"也就是说"忘不掉的是真正的素质"。而习惯正是忘不掉的最重要的素质之一，否则，人们怎么会说"好运气不如好习惯"呢？

大家也许还记得达·芬奇画蛋的故事吧，为了把一个蛋画圆，达·芬奇成百上千次地不停画圆圈。任何事情都是这样，把细节做好，最好的办法就是对小事进行训练，并形成习惯。

前美国国务卿基辛格博士，在诸事繁忙之时，仍然坚持让自己的下属不断地培养对细节关注的习惯。当他的助理呈递一份计划给他的数天之后，该助理问他对其计划的意见。基辛格和善地问道："这是不是你所能作的最佳计划？"

"嗯……"助理犹疑地回答，"我相信再作些改进的话，一定会更好。"

基辛格立刻把那个计划退还给他。

努力了两周之后，助理又呈上了自己的成果。几天后，基辛格请该助理到他办公室去，问道："这的确是你所能拟订的最好计划了吗？"

助理后退了一步，喃喃地说："也许还有一两点可以再改进一下……也许需要再多说明一下……"

助理随后走出了办公室，腋下夹着那份计划，他下定决心要研拟出一份任何人——包括亨利·基辛格都必须承认的"完美"计划。

这位助理日夜工作，有时甚至就睡在办公室里，三周之后，计划终于完成了！他很得意地跨着大步走入基辛格的办公室，将该计划呈交给国务卿。

当听到那熟悉的问题"这的确是你能做到的最最完美的计划了吗"时，他激动地说："是的，国务卿先生！"

"很好。"基辛格说，"这样的话，我有必要好好地读一读了！"

基辛格虽然没有直接告诉他的助理具体应该做什么，却通过这种严格的要求来训练自己的下属怎样完成一份合格的计划书。

其实任何事情在刚开始的时候都很难做，都没有可循的模式，只有按照某一种步骤进行训练，用自己的意志来坚持，才会慢慢形成运动员一个标准的动作、艺术家潇洒而俊美的一笔一画。有一句话叫"勉强成习惯，习惯成自然"，说的就是这个道理。

现在的企业都在强调格式化，但是格式化的前提就应当是操作规范的培训，只有培训才能使所有的人找到一个统一的标准，行动步调才能一致起来，更进一步讲，团队精神便是从培训中得来的。

所以说，员工进入企业一定要训练，而且任何小事都要训练，只有这样长期坚持下去，才能成就优秀的员工、优秀的业绩、优秀的企业。

细节有时正是事情成败的关键所在

王老板最怕淹水，因为他卖纸，纸重，不能在楼上堆货，只好把东西都放在一楼。

天哪！还差半尺。天哪！只剩两寸了。每次下大雨，王老板都不眠不休，盯着门外的积水看。所幸回回有惊无险，正要淹进门的时候，雨就停了。

一年、两年，都这么度过。这一天，飓风来，除了下雨，还有河水泛滥，门前一下子成了条小河，转眼水位就漫过了门槛，王老板连沙包都来不及堆，店里几十万元的货已经泡了汤。

王太太、店员甚至王老板才十几岁的儿子都出动了，试着抢救一点纸，问题是，纸会吸水，从下往上，一包渗向一包，而且外面的水，还不断往店里灌。

大家正不知所措，却见王老板一个人冒着雨、趟着水出去了。"大概是去找救兵了。"王太太说。而几个钟头过去，雨停了、水退了，才见王老板一个人回来。这时候就算他带几十个救兵回来，又有什么用？店里所有的纸都报销了，又因为沾上泥沙，连免费送去做回收纸浆，纸厂都不要。

王老板收拾完残局，就搬家了，搬到一个老旧公寓的一楼。他依旧做纸张的批发生意，而且一下子进了比以前多两三倍的货。

"他是没淹怕，等着关门大吉。"有职员私下议论。不巧，又来台风，又下大雨，河水又泛滥了，而且，比上次更严重。好多路上的车子都泡了汤，好多地下室都成了游泳池、好多人不得不爬上屋顶。

王老板一家人，站在店门口，左看，街那头淹水了；右看，街角也成了泽国，只有王老板店面的这一段，地势大概特高，居然一点都没事，连王老板停在门口的新车，都成了全市少数能够劫后余生的。王老板一下子发了，因为几乎所有的纸行都泡了汤，连纸厂都没能幸免，人们急着要用纸，印刷厂急着要补货、出版社急着要出书，大家都抱着现款来求王老板。

"你真会找地方。"同行问，"平常怎么看，都看不出你这里地势高，你怎会知道？"

"简单嘛。"王老板笑笑，"上次我店里淹水，我眼看没救了，干脆趟着水、趁雨大，在全城绕了几圈，看看什么地方不淹水。于是，我找到了这里。"

王老板拍拍身边堆积如山的纸，得意地说："这叫救不了上次，救下次，真正的'亡羊补牢'哇"。

其实，王老板之所以能够成功是与他留意到在大雨中，全城哪里不淹水这样的一个细节是紧密相联的，这充分说明了细节有时恰恰是事物的关键所在。当然，"成由细节，败由细节"，就看你能不能充分发现并重视这些细节。

同样，对于营销来说，一个营销方案是否能取得预期效果，就还原创意和实现创意的过程而言，执行过程中的细节绝对是重中之重。

某乳品企业营销副总谈起他们在某市的推广活动时说："我们的推广非常注重实效，不说别的，每天在全市穿行的100辆崭新的送奶车，醒目的品牌标志和统一的车型颜色，本身就是流动的广告，而且我要求，即使没有送奶任务也要在街上开着转。多好的宣传方式，别的厂家根本没重视这一点。"

然而，这个城市里原来很多喝这个牌子牛奶的人，后来却坚决不喝了，原因正是送奶车惹的祸。原来，这些送奶车用了一段时间后，由于忽略了维护清洗，车身沾满了污泥，甚至有些车厢已经明显破损，但照样每天在大街上转来转去。人们每天受到这种不良的视觉刺激，喝这种奶还能有味美的感觉吗？

创造这种推广方式的厂家没想到："成也送奶车，败也送奶车。"对送奶车卫生这一细节问题的忽视，导致了创意极佳的推广方式的失败。

同样的问题越来越多地出现在各企业的各个营销环节中。很多企业在营销出现问题的时候，一遍遍思考营销、推广策略哪儿出了毛病，但忽视了对执行细节的认真审核和严格监督。

为什么企业界会发生如此多的悲剧呢？看看这些企业当年的发展规模和发展速度，看看这些企业当年的运作模式，有哪一家的失败不是"千里之堤，溃于蚁穴"的呢？尤其是保健品巨头三株。

三株，曾在短短的3年时间里，销售额提高了64倍，达到80亿元，创造了中国保健品行业无比辉煌的帝国，其销售网络遍布全国城市，甚至村镇。总裁吴炳新曾吹嘘过："在中国有两大网络，一是邮政网，一是三株销售网。"但是，一篇《八瓶三株口服液喝死一条老汉》的新闻报道，便使三株这个庞然大物轰然倒下，气病了难得的企业帅才吴炳新，同时也使许多企业界人士长嗟短叹，唏嘘不已。

三株垮掉的原因当然是仁者见仁，智者见智。但是，其中有一种很奇怪的现象——当三株遭危机时，各级销售人员纷纷挟款而去，值得人们深思。如此大的企业，居然管理纪律不严，财务监督不严，没有对付突发事件的应急方案。

我们来看看总裁吴炳新在1997年年终大会上总结的三株"十五大失误"吧。

（1）市场管理体制出现了严重的不适应，集权与分权的关系没处理好。

（2）经营体制未能完全理顺。

（3）大企业的"恐龙症"严重，机构臃肿，部门林立，程序复杂，官僚主义严重，信息不流畅，反应迟钝。

（4）市场管理的宏观分析、计划、控制职能未能有效发挥，对市场的分析、估计过分乐观。

（5）市场营销策略、营销战术与消费需求出现了严重的不适应。

（6）分配制度不合理，激励制度不健全。

（7）决策的民主化、科学化没有得到进一步加强。

（8）部分干部骄傲自满和少数干部的腐化堕落，导致了我们许多工作没做到位。

（9）浪费问题严重，有的子公司70%的广告费被浪费掉，有的子公司一年电话费39万元、招待费50万元。

（10）山头主义盛行，自由主义严重。

（11）纪律不严明，对干部违纪的处罚较少。

（12）后继产品不足，新产品未能及时上市。

（13）财务管理严重失控。

（14）组织人事工作和公司的发展严重不适应。

（15）法纪制约的监督力不够。

由此可见，三株的倒闭并非因哪家新闻报道所为，而是三株的"大堤"早已被"蚁穴"掏空了。试想，内部如此混乱不堪的一家企业，怎么经得起市场的大潮呢？如果不是三株内部管理存在这么多"蚁穴"，像三株这样大的企业产品质量不可能出现如此大的失误；如果不是三株内部存在这么多"蚁穴"，三株完全有能力事后补救，找出解救良药。

这也回答了这样一个问题，即为什么有的企业能够历尽风雨而长盛不衰，而有的企业却只能红火一时轰然倒下。重要的原因是对细节的态度和处理存在着根本的不同。从企业管理的角度来看，细节是管理是否到位的标志。管理不到位的企业很难成为成功的企业，更难以根基牢固。当前，忽视细节、管理不到位是不少企业的通病。如何在激烈的市场竞争中立于不败之地，是每个企业面临的重大课题。今后的竞争将是细节的竞争。企业只有注意细节，在每一个细节上下够功夫，才能全面提高市场竞争力，保证企业基业长青，在企业基本战略抉择成形以后，决定企业成败的就是"细节管理"。

在高科技日新月异、经济全球化飞速发展的形势下，伴随着社会分工的越来越细和专业化程度的越来越高，一个要求精细化管理的时代已经到来。细节成为产品质量和服务水平的有力表现形式。企业只有细致入微地审视自己的产品或服务，注意细节、精益求精才能让产品或服务日臻完美，在竞争中取胜。同样，如何处理好细节，从企业领导方面看，是领导能力与水平的艺术体现；从企业作风上看，是企业认真负责精神的体现；从企业发展上看，是企业实现目标的途径。

第四章

用心才看得见
——细节隐藏机遇

事事留心皆机遇

　　人生漫漫，机遇常有，但决定我们命运的不是我们的机遇，而是我们对机遇的看法。机遇悄然而降，稍纵即逝。因此，你若稍不留心，她就将翩然而去，不管你怎样地扼腕叹息，她却从此杳无音讯，一去不复返。

　　因此，有些人认为，一些人之所以不能成功，并不是因为没有机遇，并不是幸运之神从不照顾他们，而是因为他们太大意了，他们的大意使他们的眼睛混浊而呆板，因而机遇一次次地从他们眼前溜走而自己却浑然不觉。对于这些人来说，他们要想取得成功、要想捕捉到成功的机遇就必须擦亮自己的双眼，使自己的双眼不要蒙上任何灰尘。这样，他们才能够在机遇到来的时候伸出自己的双手，从而捕捉到成功的机遇。

　　而那些之所以能够取得成功的人并不是幸运之神偏爱他们，幸运之神对谁都一视同仁，幸运之神不会偏爱任何一个人。成功的人之所以能每每抓住成功的机遇，完全是由于他们在生活中处处都很留心，他们具有一双捕捉机遇的慧眼，当机遇来临的时候，他们就能迅速作出反应，从而把机遇牢牢地抓在自己的手中。

　　捕捉机遇一定要处处留心，独具慧眼。其实只要你仔细留心身边的每一件小事，这每一件小事中都可能蕴藏着相当的机会，成功的人绝不会放过每一件小事。他们对什么事情都极其敏感，能够从许多平凡的生活事件中发现很多成功的机遇。

　　有一次，日本索尼公司名誉董事长井琛大到理发店去理发，他一边理发一边看电视，但由于他躺在理发椅上，所以他看到的电视图像只能是反的。就在这时，他突然灵机一动，心想："如果能制造出反画面的电视机，那么即使躺着也能从镜子里看到正常画面的电视节目。"有了这些想法，他回到索尼公司之后就组织力量研制和生产了反画面的电视机，并把自己研制出来的电视机投放到市场上去销售。果然这种电视机受到了理发店、医院等许多特殊用户的普遍欢迎，因而取得了成功。

　　这则事例给我们的启示就是功夫不负有心人，只要你能够处处留心，那么就有很多的机会在向你招手。

　　美国第四大家禽公司——珀杜饲养集团公司董事长弗兰克·珀杜，讲述了他成功的经历和童年的一段故事：

　　珀杜10岁时，父亲给了他50只自己挑选剩下的劣质仔鸡，要他喂养并自负盈亏。在小珀杜的精心照料下，这些蹩脚的鸡日见改观、茁壮成长。不久，产蛋量竟超过了父亲的优质鸡种，每日卖蛋纯收入可得15美元左右，这在大萧条时期可是一笔大钱。开始时，父亲不相信，当他亲眼看见小珀杜把鸡蛋拿出去时才开始相信他。后来珀杜开始帮助父亲管理部分鸡场，事实再一次证明他的管理和销售能力。他管理的几个鸡场的效益超过了父亲。1984年，父亲终于将他的整个家禽饲养场全部交给珀杜管理。

珀杜之所以能比父亲经营管理得好，是因为他能注意到一些很细小的环节。因为他对事物的仔细观察，使他发现了隐藏在细小事物中的机遇，从而见微知著。

10岁的时候，珀杜对鸡的生活习性一点也不了解。但是他认真观察后发现，当一只鸡笼里的小鸡少了时，小鸡吃得就多，成长得就快，但是太少了又会浪费鸡笼和饲料。于是他就慢慢地寻找最佳结合点，最后总结出每只笼子里养40只小鸡是最合理的。注意事物的每一个细节，从中可以发现使人成功的机遇，从而对总体的把握更加准确。抓住了微妙之处，也就把握了荦荦大端。

处处留心皆机遇，要做生活当中的有心人是因为机会往往来得都很突然或者很偶然。因此，只有留心、用心的人才有可能在机会来临的一瞬间捕捉到它。比如说，世界上第一个防火报警警铃就是在实验室的一次实验中偶然发明的。

第一个防火警铃的发明者杜妥·波尔索当时正在试验一个控制静电的电子仪器，忽然他注意到他身边的一个技师所抽的香烟把仪器的马表弄坏了。开始时，杜妥·波尔索的第一反应是非常懊恼，因为马表坏了必须中止实验，重新再装上一个马表。但他很快地就想到，马表对香烟的反应可能是一个非常有价值的资讯。这个只是一瞬间发生的看似很不起眼的偶然事件，就促使杜妥·波尔索发明了第一个防火报警警铃，在消防领域作出了突破性的贡献。

不仅仅像防火报警警铃的发明来自生活中很突然的偶发事件，其实，世界上有很多的发明创造都是来自这种生活中突发的偶然事件。被称为"杂交水稻之父"的我国农业科学家袁隆平发明杂交水稻也是如此。袁隆平有一次在稻田里，无意之中突然发现了一株自然杂交的水稻。由此，他想到目前我们人类所认定的水稻不能杂交的结论可能是个错误的结论。于是，通过艰苦的科学研究，他攻克了一个又一个难关，终于成功地培育出了杂交水稻，从而一举成了足以改变人类命运的世界级的科学家。

面对许许多多这样成功的事例，你也许会说，我整天都坐在果园里，苹果树上的苹果把我的头都砸烂了，为什么我就没有像牛顿一样发明出一个什么定律？可能你还会说，我一年四季都不停地在稻田里转悠，我的脑子都快要被水稻装满了，我自己也快要变成水稻了，可我怎么就没有发现一株自然杂交的水稻？

有一句谚语说："有恒为成功之本。"这句话一语点破了勤奋出机遇的道理。机遇的出现是同个人的打拼紧密联系在一起的。

每个人心里都清楚，机遇并不是一朵开在花园里的鲜花，你伸手就能将它采摘，它是一朵开在冰天雪地、悬崖峭壁上的雪莲，只有那些不畏艰险、勇于攀登高峰的人才能闻得到它的芳香，才能将它拥有。

拿著名漫画家方成来说，每个人都知道他以画漫画为业，但很少有人知道他曾经是一位从事化学研究的工作人员。方成在漫画上取得如此高的成就，完全是凭借个人的奋斗精神。多年以来，方成一直在报社当编辑，专门为文章配漫画，常常是夜里定下题目，然后仔细构思，反复揣摩，第二天就要交稿见报。然而并不是每次工作都能顺利完成，有时画稿交上去以后，回家后又想出新的主意，于是重新画一幅；有时费尽心思也想不出好的点子，他就把头放在水龙头下冲一冲，继续思索，直到画出一幅自己满意的漫画为止。

几十年如一日，方成凭借自己的勤奋努力，抓住了一个难得的机遇——作为一个漫画家享誉中外。由此可见，如果方成缺乏一种奋斗精神，那么他不可能碰到这种得之不易的机遇；如果对一开始的退稿感到心灰意冷，那么他不可能最终成为知名的漫画家。

方成的成功，向我们说明了任何机遇都不是偶然的，而是"得之在俄顷，积之在平日"。只有平时的刻苦勤奋，只有敢于在荆棘丛生、充满危险的无路之处走出一条平坦的大道，才能创造出原本不属于自己的机遇。"天赐良机"，是对那些平日潜心奋斗者的回报。

在人的一生中，总会碰到各式各样的偶然性的机会，但是，假如没有平时对知识的积累、辛勤持久的思索，那么，机会即使降临了，也无从知晓，知晓了也不会捕捉利用，所以，人不能把希望寄托在偶然性的机会上。

不放弃万分之一的机会

绝不放弃万分之一的可能，终归有收获；轻易放弃一分希望，得到的将是失败。

这是一个崇尚开拓创新的时代，人人都渴望能证实自我。正因为如此，我们更应该勇敢地面对失败。失败并不可怕，由于恐惧失败而畏缩不前才是真正可怕的。

要战胜失败，就不要放弃尝试各种可能。

以精益求精的态度，不放弃尝试种种的可能，终有一天会有成果的。

有个年轻人去微软公司应聘，而该公司并没有刊登过招聘广告。见总经理疑惑不解，年轻人用不太娴熟的英语解释说自己是碰巧路过这里，就贸然进来了。

总经理感觉很新鲜，破例让他一试。面试的结果出人意料，年轻人表现糟糕。他对总经理的解释是事先没有准备，总经理以为他不过是找个托词下台阶，就随口应道："等你准备好了再来试吧。"

一周后，年轻人再次走进微软公司的大门，这次他依然没有成功。

但比起第一次，他的表现要好得多。而总经理给他的回答仍然同上次一样："等你准备好了再来试。"就这样，这个青年先后5次踏进微软公司的大门，最终被公司录用，成为公司的重点培养对象。

也许，我们的人生旅途上沼泽遍布，荆棘丛生；也许，我们追求的风景总是山重水复，不见柳暗花明；也许，我们前行的步履总是沉重、蹒跚；也许，我们需要在黑暗中摸索很长时间，才能找寻到光明；也许，我们虔诚的信念会被世俗的尘雾缠绕，而不能自由翱翔；也许，我们高贵的灵魂暂时在现实中找不到寄放的净土……那么，我们为什么不可以以勇敢者的气魄，坚定而自信地对自己说一声"再试一次！"永不放弃万分之一的可能性？

1832年，有一个年轻人失业了。而他却下决心要当政治家、当州议员，糟糕的是他竞选失败了。在一年里遭受两次打击，这对他来说无疑是痛苦的。他又着手办自己的企业，可一年不到，这家企业就倒闭了。在以后的17年里，他不得不为偿还债务而到处奔波、历尽磨难。

此间，他再一次决定竞选州议员，这次他终于成功了。他认为自己的生活可能有了转机，可就在离结婚还差几个月的时候，未婚妻不幸去世。他心力交瘁，卧床不起，患上了严重的神经衰弱症。

1838年，他觉得身体稍稍好转时，又决定竞选州议会长，可他失败了；1843年，他又参加竞选美国国会议员，但这次仍然没有成功……

试想一下，如果是你处在这种情况下会不会放弃努力呢？他一次次地尝试，一次次地失败，企业倒闭、情人去世、竞选败北，要是你碰到这一切，你会不会放弃你的梦想？他没有放弃，也始终没有说过：要是失败会怎样？1846年，他又一次参加竞选国会议员，终于当选了。

在以后的日子里，他仍在失败中奋起，一次又一次地努力，最后，在1860年，他当选为美国总统，他就是亚伯拉罕·林肯。

林肯一直没有放弃自己的追求，一直在做自己生活的主宰，他用永不言败的精神迎来了成功。他以自己的经历告诉我们：成功不是运气和才能的问题，关键在于适当的准备和不屈不挠的决心。面对困难，不要退却，不要逃避。林肯压根就没有想过要放弃努力。他不愿放弃，也从不言败。

　　很多时候，所谓的困难只是一只"纸老虎"，它横在路上阻碍你前行，如果你被吓住了，那么你永远也遇不到它后面的成功。人们经常在作了90%的努力后，放弃了最后可以让他们成功的10%的努力。这不仅使他们输掉了全部的投资，更丧失了最后发现宝藏的喜悦。

　　告诉你一个保证失败的规律：每当你遭受挫折时便放弃努力。再告诉你一个保证成功的诀窍：每当你失败时，再去尝试，成功也许就在你的一点点努力之后。

　　在向成功之巅攀登的途中，我们必须记住：梯子上的每一级横级放在那儿是让搁脚的，是让我们向更高处前进的，而不是用来让你休息的。我们常常又累又乏，但举重冠军詹姆士·J·柯伯特常说："再奋斗一回，你就成了冠军。事情越来越艰难，但你仍需再努把力。"威廉·詹姆士指出，我们不仅要重整旗鼓，而且要做第三次、第四次、第五次、第六次甚至是第七次的努力，在每个人体内都有巨大的储备力量，除非你明白并坚持开发使用，否则它是毫无意义的。因此，我们在工作和生活中碰到困难，绝不应轻言放弃。

　　邱吉尔下台之后，有一回应邀在牛津大学的毕业典礼上演讲。那天他坐在主席台上，打扮一如平常：一顶高帽，手持雪茄。

经过主持人隆重冗长的介绍之后，邱吉尔走上讲台，注视观众，沉默片刻。然后他用那种特别的邱吉尔式的风度凝视着观众，足足有30秒之久。终于他开口说话了，他说的第一句话是："永不放弃。"然后又凝视观众足足30秒。他说的第二句话是："永远，永远不要放弃！"接着又是长长的沉默。然后他说的第三句话是："永远，永远，永远不要放弃！"他又注视观众片刻，然后迅速离开讲台。当台下数千名观众明白过来的时候，立即响起了雷鸣般的掌声。

赌徒有一句名言："不怕输得苦，就怕断了赌。"意思很简单，输了不要紧，只要继续赌就可能赢回来。可能因为这个原因，于是有了"久赌无输赢"的赌谚。

我们是反对赌博的，但是这句赌博的谚语在人的生活中还是很有用的。一个人，只要心中充满了希望，就会不断地前进，最后实现自己的人生理想。如果没有理想，就像没有赌资的赌徒一样，就输到底了。

希望获得成功，必须坚持下去，平时作准备，一是可以应付不时之需，二是为机会的到来作好准备。

两个人横穿大沙漠，一段时间以后，他们的水喝光了。烈日当空，酷热难当，其中一个人中暑倒下。

另一个人给他留下了一把枪和5发子弹，并叮嘱他："3小时后，每隔半小时向天空放一枪，我会尽快回来的。"说完，这个人就找水去了。

中暑的那个人在沙漠里焦急地等待。

时间是那样难熬，好不容易才过了两个半小时，他忍不住了，鸣响了第一枪；然后，第二枪、第三枪、第四枪也相继鸣响。可是找水的伙伴还是无影无踪。

只剩下最后一颗子弹了，怎么办？如果最后一颗子弹还不能唤回伙伴的话，自己就会被酷热的沙漠灼烤着痛苦地死去。

他一次次地问自己"怎么办"，最后，他完全失去了信心和毅力，把最后的那颗子弹，也就是第五颗子弹对准了自己的头打响了。

可是，他万万没有想到的是，正是这最后的第五颗子弹鸣响的时候，伙伴回来了，手里拿着满壶的清水……

在生活中，每个人都会遇到各种各样的难关。此时，我们只有两种选择：要么逃避，甚至像那位中暑的人那样，用第五颗子弹结束自己的生命；要不就咬紧牙关挺过去。显然，任何人都应该作第二种选择。因为，只有挺过去，才能为自己赢得机会——生命的机会！

看准时机，敢于冒险

面对机遇，如果少几分瞻前顾后的犹豫，多几分义无反顾的勇气，说不定会闯出"柳暗花明"来。

19世纪中叶，美国人在加利福尼亚州发现了金矿，这个消息就像长了翅膀，很快就吸引了很多的美国人。在通往加利福尼亚州的每一条路上，每天都挤满了去淘金的人。他们风餐露宿，日夜兼程，恨不得马上就赶到那个令人魂牵梦萦的地方。

　　在这些做着美梦的人流中，有一个叫菲利普·亚默尔的年轻人，他当年才17岁，是一个毫不起眼的穷人。

　　就是这个亚默尔，后来却干出了使人感到很惊奇的事情。到了加利福尼亚州之后，他的"黄金梦"很快就破灭了：各地涌来的人太多了。茫茫大荒原上挤满了采金的人，吃饭喝水都成了大问题。

　　刚开始的时候，亚默尔也跟其他人一样，整天在烈日下拼命地埋头苦干，每天都是口干舌燥，一般人根本无法忍受这种折磨。

　　亚默尔很快就意识到，在这里，水和黄金一样贵重。他曾经不止一次地听到有人说："谁给我一碗凉水，我就给他一块金币！"可是很多人都被金灿灿的黄金迷住了，没有人想到去找水。

　　亚默尔想到了，他很快就下了决心，不再淘金了，弄水来卖给这些淘金的人，赚淘金者的钱。

　　卖水其实很简单，挖一条水沟，把河里的水引到水池里，然后用细沙过滤，就可以得到清凉可口的水了。他把这些水分装在瓶里，运到工地上去卖给那些口干舌燥的人。那些人一看到水，就像苍蝇发现血迹，一下子就拥了过来，纷纷慷慨解囊，拿出自己的辛苦钱来买亚默尔的水解渴。

　　看到亚默尔的举动，很多淘金者都感到很可笑：这傻小子，千里迢迢跑到这里来，不去挖金子，而干这种玩意儿，没出息！

　　这本身就是一种大胆的决策，亚默尔自然不会被这些话吓回去，依然我行我素，天天坚持不懈，一直在工地上卖水。

经过一段时间，很多淘金者的热情减退了，本钱用完了，血本无归，两手空空地离开了加利福尼亚。亚默尔的顾客越来越少，"点水成金"已经成为明日黄花，他也应该走人了。

这时，他已经净赚了6000美元，在那个年代，已经是一个小富翁了。

追求成功的人不害怕犯错，更不会因一时的错误就谴责自己、不原谅自己。因为他们知道，害怕犯错实际上是一个最大的错误，因为它制造了恐惧、疑惑和自卑，这些使他们不能够放开心志、瞄准时机、大胆地去冒险和尝试。

有一次，但维尔地区经济萧条，不少工厂和商店纷纷倒闭，被迫贱价抛售自己堆积如山的存货，价钱低到1美元可以买到100双袜子。

那时，约翰·甘布士还是一家织制厂的小技师。他马上把自己积蓄的钱用于收购低价货物，人们见到他这股傻劲，都公然嘲笑他是个蠢材！

约翰·甘布士对别人的嘲笑漠然置之，依旧收购各工厂和商店抛售的货物，并租了很大的货仓来贮货。

他妻子劝他说，不要把这些别人廉价抛售的东西购入，因为他们历年积蓄下来的钱数量有限，而且是准备用做子女教养费的。如果此举血本无归，那么后果便不堪设想。

对于妻子忧心忡忡的劝告，甘布士笑过后又安慰她道：

"3个月以后，我们就可以靠这些廉价货物发大财了。"

甘布士的话似乎兑现不了。

过了10多天后，那些工厂即使贱价抛售也找不到买主了，便把所有存货用车运走烧掉，以此稳定市场上的物价。

他太太看到别人已经在焚烧货物，不由得焦急万分，抱怨起甘布士。对于妻子的抱怨，甘布士一言不发。

终于，美国政府采取了紧急行动，稳定了但维尔地区的物价，并且大力支持那里的厂商复业。

这时，但维尔地区因焚烧的货物过多，存货欠缺，物价一天天飞涨。约翰·甘布士马上把自己库存的大量货物抛售出去，一来赚了一大笔钱，二来使市场物价得以稳定，不致暴涨不断。

在他决定抛售货物时，他妻子又劝告他暂时不忙把货物出售，因为物价还在一天一天飞涨。

他平静地说：

"是抛售的时候了，再拖延一段时间，就会后悔莫及。"

果然，甘布士的存货刚刚售完，物价便跌了下来。妻子对他的远见钦佩不已。

后来，甘布士用这笔赚来的钱开设了5家百货商店，业务也十分发达。

如今，甘布士已是全美举足轻重的商业巨子了。

在这里应当说，冒险精神不是探险行动，但探险家的行动必须拥有足够的冒险精神。所以，郑和下西洋、张骞出使西域、哥伦布发现新大陆、麦哲伦环球航行，都具备人类最伟大的冒险精神。没有这一点，成功与他们无缘。

一天，有个男孩将一只鹰蛋带回到他父亲的养鸡场。他把鹰蛋和鸡蛋混在一起让母鸡孵化。后来母鸡孵化成功，于是一群小鸡里出现了一只小鹰。小鹰与小鸡们一样生活着，极为平静安适，小鹰根本不知道自己不同于小鸡。

小鹰长大了，发现小鸡们总是用异样的眼神看着自己。它想：我决不是一只平常的小鸡，我一定有什么的地方不同于小鸡。可是它无法证明自己的怀疑，为此十分烦恼。直到有一天，一只老鹰从养鸡场上飞过，小鹰看见老鹰自由舒展翅膀，顿时感觉自己的两翼涌动着一股奇妙的力量，心里也激烈地震荡起来。它仰望着高空自由翱翔的老鹰，心中无比羡慕。它想：要是我也能像它一样该多好，那我就可以脱离这个偏僻狭小的地方，飞上天空，在高高的山顶之上，俯瞰大地和人间。

可是怎么能够像老鹰一样呢？我从来没有张开过翅膀，没有飞行的经验。如果从半空中坠下岂不粉身碎骨吗？犹豫、徘徊、冲动，经过一阵紧张激烈的自我内心斗争，小鹰终于决定甘冒粉身碎骨的风险，也要尝试一把，于是展翅高飞。

它终于起飞了，飞到了空中。它带着极度的兴奋，再用力往高空飞翔，飞翔……

小鹰成功了。它这时才真正地发现：世界原来这么广阔、这么美妙！

小鹰成功的历程，几乎展示了每一个冒险家成功的历程，当我们不满足于眼下平淡的生活，而希望享受到一种新的乐趣的时候，当我们开始厌恶自己现在的生存方式而希望尝试一种更富有创造性的理想的生存方式的时候，我们比照小鹰成功的案例，可以得到这样的启示：

新的生活，理想的人生，就潜伏在看似平常的生存中，只要你能够像小鹰一样找准时机，勇敢地尝试飞翔，勇于冒险，就有机会展示自己超凡的才能，赢得成功。

独具慧眼识商机

现在社会里，把握先机变得越来越重要，经商也是这样。人们常常说，时间就是金钱，经营实践也证明，先机确是金钱。谁先抓住先机并迅速采取行动，谁就可能成为赢家。

现在的各厂商都极为重视先机，千方百计地收集商业情报，以做到领先别人，知己知彼，百战不殆。有很多原来一文不名的小人物，由于有着鹰一般的眼光，洞察先机而富甲一方的也并不鲜见。

日本就曾有一位著名的企业家古川久好就从报纸中一条普通的小信息敏锐地捕捉到了商机，从而走上发家之路的。

年轻时代的古川久好只是一家公司地位不高的小职员，平时的工作是为上司干一些文书工作，跑跑腿，整理整理报刊材料。工作很辛苦，薪水也不高，他总琢磨着想个办法赚大钱。

有一天，他在经手整理的报纸上发现这样一条介绍美国商店情况的专题报道，其中有段提到了自动售货机。

上面写道："现在美国各地都大量采用自动售货机来销售商品，这种售货机不需要人看守，一天24小时可随时供应商品，而且在任何地方都可以营业。它给人们带来了方便。可以预料，随着时代的进步，这种新的售货方法会越来越普及，必将被广大的商业企业所采用，消费者也会很快地接受这种方式。前途一片光明。"

古川久好开始在这上面动脑筋，他想：日本现在还没有一家公司经营这个项目，将来也必然迈入一个自动售货的时代。这项生意对于没有什么本钱的人最合适。我何不趁此机会走到别人前面，经营这项新行业。至于售货机销售的商品，应该是一些新奇的东西。

于是，他就向朋友和亲戚借钱购买自动售货机。他筹到了30万日元，当时这一笔钱对于一个小职员来说不是一个小数目。他一共购买了20台售货机，分别将它们设置在酒吧、剧院、车站等一些公共场所，把一些日用百货、饮料、酒类、报刊杂志等放入自动售货机中，开始了他的事业。

古川久好的这一举措，果然给他带来了大量的财富。人们头一次见到公共场所的自动售货机，感到很新鲜，只须往里投入硬币，售货机就会自动打开，送出你需要的东西。

一般地，一台售货机只放入一种商品，顾客可按照需要从不同的售货机里买到不同的商品，非常方便。

古川久好的自动售货机第一个月就为他赚到了100万日元。他再把每个月赚的钱投资于售货机上，扩大经营的规模。5个月后，古川久好不仅还清了所有借款，还净赚了2000万日元。

古川久好在公共场所设置自动售货机，为顾客提供了方便，受到了欢迎。一些人看这一行很赚钱，也都跃跃欲试。古川久好看在眼里，敏锐地意识到必须马上制造自动售货机。他自己投资成立工厂，研究制造"迷你型自动售货机"。这项产品外观特别娇小可爱，为美化市容平添了不少光彩。

古川久好的自动售货机上市后，市场反应极佳，立即以惊人之势开始畅销。古川久好因制造自动售货机而大发了一笔。

无数的事实告诉我们，经商者要有鹰一般的眼光、敏锐的头脑，注重市场信息的收集、处理和利用，先于对手作出正确的销售、经营决策，才会使你在复杂激烈的市场竞争中找到立身之地，这应该是每一位成功的企业家必备的素质。

全球知名企业亚马逊的创始人贝索斯30岁时已是某金融公司的副总裁。然而当贝索斯偶然看到"网络用户一年中猛增23倍"这样一条信息后，出人意料地就告别了华尔街，转而创办网上商务。

在网络上先卖什么东西好？贝索斯列出了20多种商品，然后逐项淘汰，精简为书籍和音乐制品，最后他选定了先卖书籍。为什么作出如此唯一的选择？因为贝索斯在分析过程中发现传统出版业有一个根本矛盾：出版商和发行零售商的业务目标相互冲突。出版商需要预先确定某部图书的印数，但图书上市之前，谁也无法准确预知该书的市场需求量。为了鼓励零售商多订货，出版商一般允许零售商卖不完就退回；零售商既然囤积居奇毫无风险，也往往超量定购。贝索斯一针见血地说："这样一来，出版商承担了所有的风险，却由零售商来预测市场需求量！"

贝索斯所看到的，其实就是经济活动中无法彻底根除的一种弊病：市场需求与生产之间的脱节。他自信，运用互联网，省略掉商品流通一系列中间环节，顾客直接向生产者下订单，就可以真正做到以销定产。

4年之后，贝索斯创办的亚马逊的市值已经超过400亿美元，拥有450万名长期顾客，每月的营业额为数亿美元，杰夫·贝索斯也成为全球年轻的超级大富豪。

贝索斯之所以成功，是他独具慧眼，敏感地认识到网络里有无限商机，跟着又发现和利用了别人没有解决的供销方面的矛盾——这是一座大有开发价值的宝山；经过精心筛选，他找到了一个切入点——网上卖书；利用美国的风险基金，经过锲而不舍的努力，他终于走向辉煌。

其实，在社会中闯荡的每一位成功者，他们之所以能够超越常人，捕获商机，就在于他们利用自己丰富的阅历、非凡的智慧、敏锐的眼光，发现和察觉了平凡中的不平凡、寻常中的不寻常。

麦当劳有今天的地位，主要不是由于麦氏兄弟，而是由于一个叫克罗克的推销员。他第一次接触麦当劳，已经52岁了。从世界超大型公司的创始里程来看，他也许是最老的。

克罗克曾回忆说："踏进餐厅的那一刻，我震惊了。我感到，准备多年，我终于找到我潜意识里要寻找的东西。"克罗克凭什么来寻找呢？经验和直觉。在此之前，他已做了25年的推销员。

那是1954年，在一个中午，克罗克直进了麦当劳餐厅，去推销他该死的奶昔机。小小的停车场，差不多挤着150个人，而麦当劳的服务是快速作业，15秒钟就交出客人的食物。

克罗克激动了，来不及思考，经验告诉他，自己要面对一个全新的世界了，在成千上万的地方开麦当劳餐厅。

不过，当与麦当劳兄弟谈判时，克罗克还恋恋不忘他的奶昔机。但他很快抓住了关键细节，奶昔机消失了。

与麦当劳一样，可口可乐不是阿萨·坎德勒发明的，但正是在他手上，可口可乐才成为风靡世界的王牌饮料。这仅仅是因为，发明可口可乐的彭伯顿只完成了科技创新，却不懂得市场价值，而阿萨·坎德勒懂。

阿萨·坎德勒出生在佐治亚的医生家庭，南北战争打破了他的学习生涯，19岁的他在一家小药店打工，干了两年半。考虑到前途，他离开小地方，去到亚特兰大。大城市是蕴育大成功的土壤。

在给别人打工7年之后，阿萨·坎德勒开了一家药材公司，这对可口可乐的发展是极其重要的，因为他由此获得了丰富的商业经验。在后面的叙述中，我们会感受到，这几年独立经营的经验（而不再是打工），对高度专业化的商业能力的形成是多么的重要。通过这几年的经营，阿萨·坎德勒发现，药房的利润主要不是来自配方，而是出售药材。

阿萨·坎德勒开始着力建设自己的商品体系。在这样的商业背景下，可口可乐出现在他的面前。

1862年，11岁的阿萨·坎德勒从一辆装满东西的货车上掉下来，车轮从头上辗过去，造成头部骨折。可怜的小阿萨·坎德勒虽免一死，却留下后遗症：偏头痛。于1886年，彭伯顿发明可口可乐，把它作为药物来推广。1888年，阿萨·坎德勒的一个朋友，建议他试试可口可乐。阿萨·坎德勒照办了，头痛果然减轻。后来，他不断饮用可口可乐，偏头痛竟逐渐好转。这使得身为药剂师的阿萨·坎德勒对可口可乐大感兴趣。经过调查，他发现，彭伯顿并不善于经营，于是他决定入股，把这种优良的"药品"推广开来，并且相信有利可图。

关键的一步是，阿萨发现，把可口可乐作为饮料来卖，市场会大得多。就是这个微妙而伟大的灵感，才有了今天的"可口可乐"。但就阿萨本人来说，他终生都相信可口可乐的医疗价值。阿萨入股可口可乐之后，觉得彭伯顿和参与生产、销售可口可乐原浆的人都没有做好工作。他不想部分地接管一项管理不善的事业。要么不干，要么完全控制！阿萨经营的药剂事业在南方最为兴旺发达，从他的有利地位出发，他认为可口可乐可以大展宏图。果然，在阿萨的精心经营策划之下，"可口可乐"今天已经成为全球流行的饮料品牌。

第五章

再往细处想一步
——财富之门就这样打开

细节是开启金库的钥匙

有人说，一等智商经商，二等智商做官，三等智商搞教研。于是，随着改革开放的深入，涌现出了全民经商的热潮。但是，经商的结果大不一样，有的发财成为大老板，有的血本无归。什么原因呢？

在现代社会，市场竞争日趋激烈，利益空间逐步缩小，整个经济进入了微利时代，因此，要想立于不败之地，必须善于从细节处发现问题。

1957年，美国在芝加哥举办了一场全国博览会，大名鼎鼎的美国五十七罐头食品公司经理汉斯却忧心忡忡。原来他的层位被分配在全场最僻静的一个角楼上。尽管汉斯多次与筹委会交涉，但筹委会坚持这项安排是集体作出来的，任何人都没权力改变。

汉斯没办法，只好转向全公司职员征求意见，以求改变公司不利的状态。这时，会议室里静悄悄的，连一根针掉在地上都能听得见。突然，一个小小的响声打破了宁静——不知哪位员工袋里的硬币掉到地上了。大家都不约而同地把目光投到了地板上。这时，汉斯的大脑里闪出了一个念头——做一种类似刚才落地的硬币这样的东西招揽参观者。

这时，他没有怪罪那位失态的员工，而是微笑着说："谢谢你掉了这枚硬币！我找到了一个力扭乾坤的办法！"

大家都惊愕地看着汉斯。汉斯接着说："刚才，我看到了大家低头观看硬币的眼神，里面都有一种好奇。我们也可以利用一下观光者的这种心态。"

大家听了汉斯的话后纷纷称妙。于是，你一言我一语地讨论开了。最后，大家一致决定在会展中投一种小铜牌。

几天以后，博览会隆重地开幕了。络绎不绝的参观者们不时发现一种精致的小铜牌，小铜牌上有一行字："请您凭这块小铜牌到展览会阁楼上的汉斯食品公司陈列处换一件可心的纪念品。"

原来僻静的小阁楼顿时人来人往，欢声笑语不绝。在小阁楼内，汉斯公司集中了最好的罐头食品。这些罐头食品经过了最精心的包装，还有最漂亮的姑娘担任销售员。

在该届博览会上，汉斯出尽了风头。到博览会结束，汉斯获纯利55万美元。一个微小的细节，一个个小小的铜牌，为汉斯立下了汗马功劳。

其实，在商业大潮中，某些微小的细节就会带来很大的经济利益。

现在餐巾纸已经成为中国人日常生活中不可缺少的生活必需品了，但30多年前，在人们的生活水平普遍还不高时，即使在日本，使用过即扔的纸餐巾无疑是一种奢侈的消费。当然社会是在进步的，一旦人们的生活达到一定水平，那么使用纸餐巾就不仅不是奢侈，反而是一种必须。社会的进步和企业的发展往往是相连的，日本有一家小企业就是因为恰到好处地把握住了这种社会变化的脉搏，而为企业迎来了发展的春天。

这个小企业是只有几十名工人的田中造纸厂。这个厂的经理田中治助是一个非常注意市场变化的经营者，厂子初创之时，他就在当时造纸行业竞争异常激烈的情况下，针对印刷业发展的需要，开发生产了"美浓型纸"，赢得了用户的赞许和大批订单。

20世纪60年代后期，日本社会开始进入了经济起飞时期，一切都处于剧变之中——包括人们的生活方式。在每个人都为日新月异的变化而惊喜时，田中治助想到的却是这种变化会给自己的企业带来什么。他是个造纸的商人，切入点当然还是在自己的老行当上。他想，经济发展了，人民的生活水平提高了，那么过去仅供少数高收入者使用的餐巾纸必然成为一种大众化的用品，可是当时市场上的餐巾纸却很少。

既然认准了社会发展会带来纸餐巾的普及，田中治助就迅速地行动起来。他果断地用4000万日元从德国引进了两台最新式的生产纸餐巾的机器，开始抓紧时间生产这种还未流行的生活用品。

就在他开足马力，生产出大量纸餐巾的时候，日本大阪于1968年到1969年承办了万国博览会，各大饭店、餐厅都大量需要纸餐巾。再加上日本人民的生活水平已经提高了，他们受这股风潮的影响，也都开始把纸餐巾作为生活的一部分。一时间，日本的纸餐巾供不应求。

此时，田中治助及时推出了自己的"艺术纸餐巾"，由于他先人一步，他的产品快就占领了大部分的市场，畅销日本全国。不要小看了这一不起眼的纸餐巾，现在田中造纸厂已发展成为田中造纸工业股份有限公司，该公司的主要产品印刷用品和高级纸餐巾在日本市场的占有率分别为80%和50%，年营业额达13亿日元。

田中造纸厂能成为日本的"纸餐巾大王"，不是因为别的，正是因为它有一个善于掌握社会生活变化并能从中发现赚钱机遇的当家人。

"机遇偏爱有准备的头脑"这句朴素的格言，包含了深刻的真理。有时候，面对同一个机会，有的人抓住了，有的人却只能眼睁睁地看它溜走。这是因为抓住机会，只是一瞬，但是准备的时间十分长久，而这并不是每一个人都能做到的。

李嘉诚的故事给我们很多教益。

1950年，李嘉诚倾其积蓄成立了长江塑胶厂，由此开始了创业之路。凭着自己的勤学和商业头脑，他发了几笔小财，但由于经验不足和过于自信，工厂转而严重亏损，这一惨淡经营期一直持续了5年。

李嘉诚经过一连串磨难后，痛定思痛，开始冷静分析经济形势和市场走向，在种类繁多的塑胶产品中，他生产的塑胶玩具已经趋于饱和状态了。这意味着他必须重新选择一种能救活企业的产品，从而实现塑胶厂的转机。

机会来了。有一次，李嘉诚从杂志上注意到这样一则信息：用塑胶制造的塑胶花即将倾销欧美市场。这样一个小小的细节，使他马上联想到，和平时期的人们，在生活有了一定的保障之后，必定在精神上有更高的要求。如果种植花卉等植物，不但每天要浇水、除草，而且花期短，这与人们较快的生活节奏很不协调。如果生产大量塑胶花，则可以达到价廉物美，美观大方的目的，能很好地美化人们的生活。想到这时，他兴奋地预测到，一个塑胶花的黄金时代即将来临。

接着，李嘉诚四处奔波，不辞辛劳，经过一番艰苦的努力，终于生产出了既便宜又逼真的塑胶花，并通过各方面的促销和广告活动，使塑胶花为香港市民所普遍接受，也使长江塑胶厂为人们所熟悉。

不久，李嘉诚又从出口洋行获得准确的消息：美国塑胶市场正在扩大，除了家庭室内插花装饰外，家庭外的花园、公共场所都用塑胶花点缀。他密切注视市场的动态，抓住每一个变化的细节，并开始逐渐加大广告宣传的力度。他非常希望接洽到资金雄厚的大客户，以图稳步发展。

这年秋天，李嘉诚意外地收到一家北美大公司的电报。电报说这家垄断公司将派一名经理视察李嘉诚的工厂，以及香港其他塑胶花企业，决定从中挑选一家最有实力的进行长期合作。他预测到这个机会将带来令人振奋的前景。于是，连夜在公司召开紧急会议，并决定马上寻求一切机会向银行申请贷款，以便购入全新的塑胶花生产设备，租赁新厂房。

李嘉诚的一大特点，就是不放过任何一个哪怕再小不过的机会。他与全体员工一起苦战7个昼夜，终于在一周内将一切准备完毕。在北美经理到达的那一天，李嘉诚亲自开车去迎接这位"财神爷"。当这位经理参观完之后，深感此公司实力雄厚、气派非凡。经过会晤恳谈之后，这位经理同意与李嘉诚签订长期合约，因此成了长江公司的最大主顾。通过这家公司，李嘉诚还与加拿大银行界有了互相信任的友好往来，为日后拓展海外市场埋下了伏笔。

从此，李嘉诚的事业蒸蒸日上，饮誉世界。而他不放过任何一个小细节，抓住每一个小机会的精神更是值得所有人学习。无怪乎，有人感叹说，细节就是金库的钥匙。

崇尚节俭，创造财富

养成勤俭节约的美德，把自己的资金用来投资，是成功致富者必须具备的素质之一。从创业成功的人身上，都能见到节俭和投资创业的共同本质。

社会上有一些先富起来的人，只顾眼前，不思长远，总想"把鸡下的蛋吃光"，盲目攀比、盲目消费，就像梦中发了横财，不知如何是好，于是就赌博、吸毒、比赛烧钞票，而没有想去扩大实业、拓展生意。因此，致富者应该明白家有金钱万贯，不如投资经营的道理。钱再多也是有限的，"坐吃"必然导致"山空"。钱财只有流通起来才能赚取更多的利润，才能使优越的生活得到保证。

可以用三个词来勾画富人的肖像，那就是：节俭！节俭！再节俭！

有人问百万富翁卢卡斯："你购买一套服装，最多花过多少钱？"

卢卡斯把眼睛闭上片刻。显然，他在认真回忆。观众悄然无声，都料想他会说："大约在1000美元至6000美元之间。"但是事实表明，观众的想法是错的。这位百万富翁这样说："我买一套服装花钱最多的一次……最多的一次……包括给自己买的，给我妻子琼买的，给我儿子巴迪、达里尔和给女儿怀玲、金洛买的……最多一次花了399美元。噢！我记得那是我花得最多的一次，买那套服装是因为一个十分特殊的原因——我们结婚25周年庆祝宴会。"

观众对卢卡斯的陈述会有什么反应呢？可能大吃一惊、不相信。事实上，人们的预想和大多数美国百万富翁的实际情况并不一致。

每一个年轻人都应该知道，除非他养成节俭的习惯，否则他将永远不能积聚财富。

两个年轻人一同寻找工作，一个英国人，一个犹太人。

一枚硬币躺在地上，英国青年看也不看地走了过去，犹太青年却激动地将它捡起。

英国青年对犹太青年的举动露出鄙视之色：一枚硬币也捡，

真没出息!

犹太青年望着远去的英国青年心生感慨:白白地让钱从身边溜走,真没出息!

两个人同时走进一家公司。公司小,工作累,工资也低,英国青年不屑一顾地走了,而犹太青年却高兴地留了下来。

两年后,两人在街上相遇,犹太青年已成了老板,而英国青年还在寻找工作。

英国青年对此不可理解,说:"你这么没出息的人怎么能这么快地成功了?"

犹太青年说:"因为我没有像你那样绅士般地从一枚硬币上迈过去。你连一枚硬币都不要,怎么会发大财呢?"

英国青年并非不要钱,可他眼睛盯着的是大钱而不是小钱,所以他的钱总在明天。这就是问题的答案。

没有小钱就不会有大钱。你不爱惜钱,钱也不会来找你。

如果你养成了节俭的习惯,那么就意味着你具有控制自己欲望的能力,意味着你已开始主宰你自己,意味着你正培养一些最重要的个人品质,即自力更生、独立自主,以及聪明机智和创造能力。换句话说,就意味着你有了追求,你将会是一个大有成就的人。

洛克菲勒垄断资本集团的创始人约翰·戴维森·洛克菲勒,1839年出生于一个医生家庭,生活并不宽绰,艰难的生活使他养成了一种勤俭的习惯和奋发的精神。他在16岁时,决心自己创业。虽然他时常研究始何致富,但始终不得要领。一天,他在报纸上看到一则广告,是宣传一本发财秘诀的书。洛克菲勒看后喜出望外，急忙照着广告注明的地址到书店购买这本"秘书"。该书不能随便翻阅，只在买者付了钱后，才可以打开。洛克菲勒求知心切，买后匆匆回家打开阅读，岂知翻开一看，全书仅印有"勤俭"二字，他又气又失望。洛克菲勒当晚辗转不能成眠，由咒骂"发财秘书"的作者坑人骗钱，渐渐细想作者为什么全书只写两个字，越想越觉得该书言之有理，感到要致富确实必须靠勤俭。他大彻大悟后，从此不知疲倦地勤奋创业，并十分注重节约储蓄。就这样，他坚持了5年多的打工生涯，以节衣缩食的节俭精神，积存了800美元，经过多年的观察，洛克菲勒看清了自己的创业目标：经营石油。经过几十年的奋斗，他终于成为美国石油大王。

石油商人成千上万，最后只有洛克菲勒独领风骚，其成功绝非偶然。专家在分析他的创富之道时发现，精打细算是他取得成就的主要原因。洛克菲勒在自己的公司中，特别注重成本的节约，提炼每加仑原油计算到第三位小数点。他每天早上一上班，就要求公司各部门将一份有关净值的报表送上来。经过多年的积累，洛克菲勒能够准确地查阅报上来的成本开支、销售及损益等各项数字，并能从中发现问题，以此来考核每个部门的工作。1879年，他写信给一个炼油厂的经理质问："为什么你们提炼一加仑原油要花1分8厘2毫，而东部的一个炼油厂干同样的工作只要1分8厘1毫？"就连价值极微的油桶塞子他也不放过，他曾写过这样的信："上个月你厂汇报手头有1119个塞子，本月初送去你厂1万个，本月你厂使用9527个，而现在报告剩余912个，那么其他的680个塞子哪里去了？"洞察入微，刨根究底，不容你打半点马虎眼。正如后人对他的评价，洛克菲勒是统计分析、成本会计和单位计价的一名先驱，是今天"一块拱顶石"。

节俭的原则不仅适用于金钱问题，而且适用于生活中的每一件事，从合理安排自己的时间、精力，到养成勤俭的生活习惯。节俭意味着科学地支配自己的时间与金钱，意味着最明智地利用我们一生所拥有的资源。

节俭是一名员工的基本素质，但是节俭并不是说要所有的员工都去考虑如何节省几千元、几万元的大笔资金，这对大多数员工是不大现实的。对于员工来说，节俭就在于点点滴滴之间。这里几元，那里几元，如果我们把节约的观念用在所有这些小地方，那么加在一起可以成为很大的数目。

在2003年度《财富》世界500强企业中，有一个有趣的现象，以营业收入计算，丰田汽车排在第8位，但是以利润计算，丰田汽车排在第7位。同时《财富》世界500强的数据显示，2003年丰田汽车赚取的利润远远超过美国三大汽车公司的利润之和，就是比排在第二位日产汽车的44.59亿美元利润，也高出1倍多。实际上，丰田的利润已经远远超出了全球汽车行业其他企业利润的平均水平。丰田的惊人利润从何而来？

在丰田的利润中，可以说很大一部分是丰田员工节俭下来的。丰田的厉行节俭是全球出名的。丰田办公室的员工用过的纸不会随意扔掉，翻过来做稿纸，铅笔削短了加一个套继续用，领一支新的也要"以旧换新"；机器设备如果达到标准，很陈旧也一样使用；鼓励工人提出合理化建议，几乎每天都有人在技术革新、小改小革上下功夫。

举个简单的例子，丰田的员工很注意在组装流水线上的零件与操作工人的距离有多大才合适。如果放得不合适，取件需要来回走动，这种走动对于整个工序就是一种浪费，要坚决避免。另外，丰田还有一个特别的地方，在丰田的整个流水线上有一根绳子连动着，任何一名工人一旦发现流过来的零件存在瑕疵就会拉动绳子，让整个流水线停下来，并将这个零件修复，决不让它留到下一个流程。

不但如此，节约水电、暖气、纸张等都是丰田所倡导的，细微之处的节俭为丰田带来了不小的收益。

"勿以善小而不为，勿以恶小而为之"。节俭也是一样不论大小。每一个企业都有许多细微的小事，这往往也是大家容易忽略的地方。有心的员工是不会忽视这些不起眼的小事的，因为他们懂得，大处着眼，小处着手，节约成本应当从一点一滴做起。

其实生活和工作中，有很多的小事都是举手即可完成的。例如：

（1）节约每一度电，做到随手关灯、人走灯灭、人走电器关，电脑不用时将它调至休眠状态或关掉。

（2）节约每一滴水，水龙头用后及时关闭，及时修理水管水箱，杜绝滴漏水的现象。

（3）节约每一个电话，不用公费电话聊天、谈私事；提高打电话的效率。打电话时最好在拿起话筒前拟一份简明的通话提纲，重要内容一字不差地写在提纲上。这样做有利于保证通话内容的准确、完整、精练，节省通话时间和提高通话效率。

（4）节约每一张纸，复印纸、公文纸统一保管，按需领取，节约使用，尽可能双面打印或复印，公共卫厕使用的卫生卷纸勤俭节约，禁止盗拿。

（5）不要把公司的办公用品私自拿回家据为己有；把平时习惯丢掉的纸张捡起来，看看是否还能够派上其他用场。

当然，节约成本远不止表现在以上几个方面，还需要在工作中多多留心。坚持少花钱多办事，会议、接待、招待等尽量从简和节约，不该花的钱不花，能少花的钱不多花，不必要办的事不办，可节俭办的事不铺张办。一名优秀的员工就是要在点点滴滴之间节俭，不放过能够节俭下来的每一分钱。而一分一分地累加，就能成为一个巨大的数字，而这些都变成了企业的利润。

由此可见，节俭非小事，它体现着一个人良好的素质和修养，也关系到一个公司、一个企业的自身利益，万不可视节俭为吝啬。

虽然一个生性吝啬的人，他的前途也仍然大有希望，但如果是一个挥金如土、毫不珍惜金钱的人，他的一生可能因此而断送。不少人尽管以前也曾经刻苦努力地做过许多事情，但至今仍然是一穷二白，主要原因就在于他们没有储蓄的良好习惯。

留心小事，捕捉生意灵感

"一叶陨而知秋至"，从一片树叶的下坠，人们就可以感知季节的变化了。同样的道理，生活中很多看似不起眼的小事，往往蕴藏着巨大的商机。在现代信息社会里，信息确实重要，但这并不是说，你必须用高科技、用商业间谍、成天在报纸中扎堆才能获取你所需的信息。生活中到处充满信息，很多高明的企业家就是从观察生活中的小变化，见微知著，从而大发其财的。

美国有位叫米尔曼的女士，她在生活中常常被一件小事烦心，那就是她的长统丝袜老是和她做对。因为它老是往下掉，尤其是在公共场合或在公司上班时，袜子掉下来令她非常尴尬。她想这种困扰，其他妇女肯定也会有，而且人数不会少。"那我为什么不做这方面的生意呢？"

不久，她就开了一家袜子店，专门卖那些不易滑落的袜子。这家店铺不大，生意却出奇地好。由于在她的店里，每位顾客平均可在一分半钟内完成交易，而且这里售出的袜子确实使很多妇女摆脱了丝袜滑落带来的窘境，所以越来越多的人来她的店里买这"不起眼的小东西"。米尔曼成功了，现在她已开了120多家分店，分布在美、英、法三国，她自己30出头的年龄，就成为百万富婆。

而另一对美国年轻人，也是从极小的生活琐事中发现了财富。这是一对年轻的夫妇，他们刚刚有了一个小孩。在给小孩喂奶时，他们发现，市场上卖的奶瓶都太大了，8个月以下的婴儿都无法自己抱住奶瓶喝奶，这往往令小家伙烦躁不安。

有一天，小宝宝的外祖父——一个工厂烧焊产品的检查员，来到他们家，在听到他们的抱怨后，顺口说，最好在奶瓶两边焊上瓶柄，这样小孩就能双手抓着吃奶了。这句不经意的话，却使这对年轻夫妇灵光闪动，他们有主意了。

不久，他们设法将圆柱形的奶瓶改制成圆圈拉长后中间空心的奶瓶，投放市场。由于这一改进使得小孩能自己抓住奶瓶吃奶，一经推出就大受欢迎，在60天内卖出了5万个奶瓶。他们开业的第一年就收入150万美元。

很多成功者都是善于从"无关的小事"中发现潜在的商机，从而挖掘出人生中巨大的宝藏的。

牛仔裤是一种风靡世界的服装，几百年来一直备受人们喜爱，在匆匆忙忙的时尚风潮中始终保持着自己独立的品位，但似乎没有人追问，究竟是谁发明了牛仔裤？他又是如何发明了这世界上的第一条牛仔裤？

人们也许根本不会想到，风靡全世界、曾影响几代人生活的牛仔裤竟是一个名叫李维·施特劳斯的小商贩发明的，他制造的第一条牛仔裤竟然是美国西部淘金工人的工装裤。

19世纪50年代，李维·施特劳斯和千千万万年轻人一同经历了美国历史上那次震撼人心的西部的运动。这场运动不是由政府发动，而是源于一则令人惊喜的消息：美国西部发现了大片金矿。

消息一经传出，在美国立即刮起一股向西部移民的旋风。满怀发财梦的人们，携家带口纷纷拥向通往金矿的路途，拥向那曾经是荒凉一片、人迹罕至的不毛之地。

于是，在通往旧金山的道路上，高篷马车首尾相接，滚滚人流络绎不绝，景象分外壮观。李维·施特劳斯同样也经不起黄金的诱惑，毅然放弃他早已厌倦的文职工作，加入汹涌的淘金大潮中。一到旧金山，李维·施特劳斯立刻被眼前的景象惊呆了：

一望无际的帐篷，多如蚁群的淘金者……他的发财梦顿时被惊醒了一半。

"难道要像他们一样忙忙碌碌而无所收获吗？"

"不能！"李维·施特劳斯坚定地说道，他说服自己不要知难而退，而要留下来干一番事业。也许是犹太人血统里天生的经商天分在李维·施特劳斯的身上起了作用，他决定放弃从沙土里淘金，而是从淘金工人身上"淘金"。

主意已定，李维·施特劳斯用完身上所有的钱物，开办了一家专门针对淘金工人销售日用百货的小商店。李维·施特劳斯这一独具慧眼的决定，为他今后发财致富奠定了良好基础。

小商店开业以后，生意十分兴旺，日用百货的销售量很大。李维·施特劳斯整日忙着进货和销货，十分辛苦，但利润也十分丰厚。渐渐地，李维·施特劳斯有了一笔积蓄，在同行小商贩中，他因吃苦耐劳和善于经营而有了小名气，商店的生意越做越好。为了获取更大的利润，李维·施特劳斯开始频繁外出拓展业务。

一天，他看见淘金者用来搭帐篷和马车篷的帆布很畅销，于是乘船购置了一大批帆布准备运回淘金工地出售。在船上，许多人都认识他，他捎带的小商品还没运下船就被抢购一空，但帆布无人问津。

船到码头，卸下货物之后，李维·施特劳斯就开始高声叫喊推销他的帆布。他看见一名淘金工人迎面走来，并注意他的帆布，于是赶紧迎上去拉住他，热情地询问：

"您是不是要买一些帆布搭帐篷？"

淘金工人摇摇头说："我不需要再建一个帐篷。"

他看着李维·施特劳斯失望的表情，接着又说：

"您为什么不带些裤子来呢？"

"裤子？为什么要带裤子来呢？"李维·施特劳斯惊奇地问道。

"不经穿的裤子对挖金矿的人一钱不值，"这位金矿工人继续说道，"现在矿工们所穿的裤子都是棉布做的，穿不了几天很快就磨破了。"他话锋一转又说道：

"如果用这些帆布来做裤子，既结实又耐磨，说不定会大受欢迎。"

乍一听到这番话，李维·施特劳斯以为他是在开玩笑，但转念仔细一想很有道理，何不试一试呢？

于是，李维·施特劳斯便领着这位淘金工人来到裁缝店，用帆布为他做了一条样式很别致的工装裤。这位矿工穿上结实的帆布工装裤高兴万分，他逢人就讲他的这条"李维氏裤子"。消息传开后，人们纷纷前来询问。李维·施特劳斯当机立断，把剩余的帐篷布全部做成工装裤子，很快被抢购一空。

1850年，世界上第一条牛仔裤就这样在李维·施特劳斯手中诞生了，它很快风靡起来，同时也为李维·施特劳斯带来了巨大的财富。

就像风平浪静掩饰不住海底汹涌的暗流一样，在平平淡淡的生活中，到处都蕴藏着无限的商机，聪明的人知道，平淡并不是一部无聊的肥皂剧，相反，它是一部传奇的开始。只要你用心就会揭开它神秘的面纱，机遇就像郁积已久的火山，需要苦心积虑作为压力才能喷薄而出。任何看似偶然、随意的发现，其实往往都伴随着巨大心血的付出。李维·施特劳斯于不经意间开启了财富的宝库，正是得益于他平时的细心和努力。

从李维·施特劳斯的发家史也可以看出，生活中有些信息是非常具有价值的，但因为人们的疏忽，总是不停地浪费掉了许多很宝贵的信息。要想利用信息机会，前提就是要善于观察生活。注意把信息与机会联系在一起思考，这样，信息才能被转成机会、转化为财富。

所以，我们平时要注意观察生活，无论是从报纸图书上看到的，或从别人口里听到的东西，都要认真去思考，这于自己而言，到底是不是一条有用的信息呢？如果你确定这是一条非常有价值的信息，那么你就按照这条信息所指引的方向努力去做吧，财富女神就在前方等待着你的到来。

小智慧带来大财富

只有少许资本或完全没有资本的人要想致富，只能依靠自己的智慧。

很久以前，一个人寿保险公司年轻的销售员，由于无法说服某一家客户投保，心情烦躁。但不久他从烦恼中获得灵感，那就是向企业经营者建议，不直接以个人为投保对象，转而以企业为对象。如果以企业为投保对象，必可能因为经营方式的改变，赚取比保险费高几倍的利润。

他决定把这个想法付诸行动，立即着手以不同的方式推销。他所选择的第一个客户，是市内最有代表性的餐厅。他对餐厅老板说："贵餐厅的料理非常符合标准，客人也吃得放心。我建议你不妨大力宣传，强调在这家餐厅吃饭可以增进健康。"

老板听了以后说："确实是这样，今后我还准备多推出几道健康料理。"

"太好了。"推销员说，然后就说明了他的想法。初步讨论下来，他们拟定了一种特殊风格的保险菜单，对经常光顾这家餐厅的人，以每人保1000美元的寿险作为服务。餐厅老板兴趣浓厚，两人又着手商量有关细节。

保险菜单推出后不久，餐厅的生意果然越来越兴隆，那个做寿险的年轻人自然也有了不少的收益。后来他把这主意又推广到加油站和超市。

穷人没有像富家子弟那样优越的条件，也没有原始积累做创业的脚垫，其实资本的原始积累本身就是一段漫长而充满血和泪的过程。但是，穷人从来都不缺充满才智的头脑和敏锐的嗅觉。

才能是什么？它就是一个人的实力。一个人真正有了雄厚的实力与才能，总是可以抓住机遇的，即使错过今天的机遇，还有明天的机遇。这就叫"肚里有货，心中不慌"。

中国的一个成语"毛遂自荐"大家应该耳熟能详。毛遂做了很久的一般食客，终于抓住出使的机遇一举成功。这也要自己本来有才能，换个才能不足的人，即使让他出使，他能当机立断做出威逼他国之君的事吗？这种判断力，这种胆力，才是毛遂成功的主要原因，机遇只是给他提供了一个表演的舞台而已。可以说机遇的基础是实力，没有实力等于没有机遇。

牛顿从苹果落地得到启发，创出万有引力学说；瓦特从水壶冒汽得到启发，发明了蒸汽机；阿基米德从洗澡得到启发，辨明了王冠是否纯金打造；鲁班从被草的锯齿割破手得到启发，发明了锯子……这种事件古今中外要多少有多少。他们为什么会成功呢？看见苹果落地、水壶冒汽的人不少，洗澡、手被草划伤的人更多。可是为什么偏偏是他们抓住了成功的机遇呢？这就是因为他们本身的实力与才能出众，才能在别人习以为常的现象中得到突破。

知识发财，智慧创富，其根本在于聪明的头脑，在于善于发现机会，并能迅速通过自己的行为将其转化为财富。

眼下新经济风起云涌，靠头脑创富也是"八仙过海，各显神通"，但共同点是一个：充分开动大脑机器，靠智慧谋财。

其实，商机处处在，就看你是否具有睿智的头脑和敏锐的眼光，能否发现它。鲍名利，一个从传统行业中崛起的百万富豪，其事业的几起几落充分说明了这个问题。

大学毕业后的鲍名利，分配到了吉林省商业厅下属的一家公司。他不甘心工薪族平淡的生活，一年后便下了海。他的第一项事业便是和朋友合开比较前卫的"香港欧美时装廊"，这在长春属独家新潮时装，还不太容易被当时保守的人接受。鲍名利却认准了年轻人逐渐走向开放的时代大背景，相信这一经营定有市场。果不其然，引进的港台等地新潮时装受到年轻一代的欢迎，获得了丰厚的利润。然而两个合伙人因性格不合分了手。

但这并没有影响鲍名利积极的创业心。1993年初，退出时装业的鲍名利又勇敢地接任中外合资希尔康食品公司的市场部经理。别人一年没有打开的市场，他只用半年时间便使希尔康果茶打入千余家宾馆、酒店，批发商、经销商争先进货。然而，不安分的鲍名利一直想干一番真正属于自己的事业。他看中了刚刚打入市场还不被行家看好的速冻食品，并毅然辞职做了台湾怡尔香面食的吉林省总代理。

现代社会加快了人们的生活节奏，速冻食品的出现既为人们节省了宝贵的时间，更为人们增添了新口味。经过一番精心的策划和宣传，速冻食品很快打开了销路，鲍名利为此连开了4家连锁店，并在百货大楼、红旗商城等处设有冷冻专柜，生意一时火爆空前。

但他毕竟是初涉商海，明显经验不足，他忽略了重要一点，速冻食品也有淡旺季之分。每年的4月到10月正是淡季，由于战线拉得太长，价格不菲的柜台费和庞大的员工开支令他力不从心。到1995年6月末，已经亏了数万元。他不得不宣布这次经营的失败。

痛定思痛，鲍名利开始反思自己。敢干别人没干过的，闯新路可以抢占先机，在经营上一定要得体，否则会一败涂地。

1995年8月，鲍名利从朋友处借来1万元，与丹东一家中法合资的百叶窗帘厂联营，建立吉林省首家百叶窗帘厂。这是一个别人从未涉足的项目，却是鲍名利经过认真考察才作出的选择。为此，他花了20多天的时间，跑遍了长春市的装潢建筑公司和装饰材料公司。发现都没有这种新型窗帘，而从大连、丹东等地装修趋势看，这是一项正在走向热门的行业。

为使人们能够接受这一装饰行业，鲍名利在宣传上大作文章，他印了大量宣传单，并到建筑工地及机关、学校等企业事业单位散发。他在郊区租了一间民房，亲自送样品，既当经理，又当业务员、送货员。虽然辛苦，但他相信自己的眼光。

为了使宣传更有形象性，他巧妙地抓住了一个电视效应。当时，吉林电视台正在播放电视连续剧《中方雇员》，画面里不断出现百叶窗帘的镜头。于是，在新的宣传单里，他加进了"《中方雇员》告诉您，百叶窗帘是您无悔的选择"等宣传内容，借用电视，人们更生动、直观地了解了百叶窗。

就在这一系列狂轰乱炸的宣传之下，鲍名利开始收获劳作的喜悦。也就是在1995年末，他接到了长春光机学院300平方米的窗帘安装业务。随后，市财政局、省电力局等单位纷纷找上门来，业务越做越多，知名度越来越大。

1996年3月，鲍名利终于拥有了自己的公司——兰星工贸有限责任公司。在鲍名利的带动下，许多装潢公司和他的同学、朋友也都做起百叶窗帘业务。大家都挤一个市场，已难赚得太大的利润。这时鲍名利开始搜寻新的项目。

经过精心调查，他发现了浴室洁具翻新项目。在许多大中城市，遍布着宾馆、酒店、度假村、疗养院等重要消费和休闲场所，这些场所的浴室在使用3～5年后便需要对其卫生洁具及台面的石材进行更换或翻新再造。

可是，宾馆要拆换一只新浴缸，最低的费用也要在400元左右。而翻新只需一半的价钱就够了。再说，更换时很少有人接一只浴缸的活，大批量同时更换肯定会影响宾馆的生意，翻新则不用大费周折，可以一只一只地翻新，这无形中又为宾馆省下了一笔不小的费用。另外，我国城市居民浴室的装备也日趋高档，这更为浴室的翻新提供了更大的空间。

但是，这是一项极具风险的项目，光一项德国进口工艺设备就需2万多元，技术费、资料费还需更多。然而鲍名利认准了这个项目的市场，不惜花费几万元买到这项SRS翻新工艺技术。该工艺采用珐琅原料，经过表面瓷再造、表层釉面再造、光面加强等工艺流程，使旧浴缸在24小时内焕然一新并可投入使用。于是鲍名利没有犹豫，而是大胆地着手自己的计划。

可以说，鲍名利是一位靠头脑致富的百万富豪，正是有着敏锐的致富头脑，他从传统产业中崛起。像这样的例子，在我们身边还有很多，总结其中的规律就是：头脑是创富之源。

第六章

星星之火，可以燎原
——细节点燃创造的火花

处处留心皆学问

查尔斯·狄更斯在他的作品《一年到头》中写道："有人曾经被问到这样一个问题：'什么是天才？'他回答说：'天才就是注意细节的人。'"

大约半个世纪以前，一个行人停在苏格兰北部的一家乡村客栈过夜。在他停留期间，信使给老板娘带来了一封信。老板娘接过来，审视了一番，又原封不动地把信还给了信使，说她付不起信的邮费——当时大约两先令。听了这些话，行人坚持要替老板娘付邮费。当信使离开了以后，那老板娘坦白地跟他说，其实信里根本没什么内容。她知道写信的是自己的弟弟。他住得离她比较远，他们姐弟俩约定好，在写信的时候他们只要在信封上做一些特殊的记号，他们就彼此明白对方过得是否很好。这件小事启发了这个行人，这个行人就是著名国会议员罗兰德·希尔。在看到这件事情后，他马上就意识到人们需要一种价格低廉的邮政方式。没过几个星期，他就向国会众议院提出了一项议案来降低邮费。正是由于这样一件小事，才有了后来费用低廉的邮政制度。

处处留心皆学问，只要细心，就会有不断创造的灵感，这自然也是成事的一种手段。每天行色匆匆，有没有留意一下身边的人和事？如果没有，那就有可能一生都这样匆匆忙忙地疲于奔波。当然并不是叫你事事留意，而是有意识地注意一下与你有关的行业，也许在不经意间你就会有意想不到的收获。

格力空调中有一种灯箱柜机空调，它的发明其实也是很偶然的。

1995年，格力公司的朱江洪在美国看到可口可乐售货机的颜色很艳丽，一时间就产生了灵感，格力因而设计出了一个获得专利的新产品灯箱柜机空调。这种空调一扫几十年来的空调冷面孔：柜面上风景如画、"瓜果飘香"，在原来的使用价值中又增加了几分美感。

朱江洪的这一触景生情，就让空调的"脸"发生了变化，格力的彩面柜机空调比市场上同类产品价值高出300多元。这种空调在国内外市场都很畅销，而且还因为拥有自己的知识产权，没有竞争对手，一举成为该公司上百款空调中利润率最高的一种。

从日常生活中产生创新灵感的例子很多很多，只要每个人都成为有心人，更多的发明创造就会如雨后春笋般出现。

美国有个叫杰福斯的牧童，他的工作是每天把羊群赶到牧场，并监视羊群不越过牧场的铁丝到相邻的菜园里吃菜。

有一天，小杰福斯在牧场上不知不觉地睡着了。不知过了多久，他被一阵怒骂声惊醒了。只见老板怒目圆睁，大声吼道："你这个没用的东西，菜园被羊群搅得一塌糊涂，你还在这里睡大觉！"

小杰福斯吓得面如土色，不敢回话。

这件事发生后，机灵的小杰福斯就想，怎么才能使羊群不再越过铁丝栅栏呢？他发现，那片有玫瑰花的地方，并没有更牢固的栅栏，但羊群从不过去，因为羊怕玫瑰花的刺。"有了！"小杰福斯高兴地跳了起来，"如果在铁丝上加上一些刺，就可以挡住羊群了。"

于是，他先将铁丝截成了5厘米左右的小段，然后把它结在铁丝上当刺。结好之后，他再放羊的时候，发现羊群起初也试图越过铁丝网去菜园，但每次都被刺疼后，惊恐地缩了回来，被多次刺疼之后，羊群再也不敢越过栅栏了，小杰福斯获得了成功。

半年后，他申请了这项专利，并获批准。后来，这种带刺的铁丝网便风行全世界。

其实，在竞争激烈的商业，社会也有不少的商业精英善于从生活中发现细节、获得灵感，成功地开拓了新的商业领地。

20世纪70年代中期，日本的索尼彩电在日本已经很有名气了，但是在美国它不被顾客所接受，因而索尼在美国市场的销售相当惨淡，但索尼公司没有放弃美国市场。后来，卯木肇担任了索尼国际部部长。上任不久，他被派往芝加哥。当卯木肇风尘仆仆地来到芝加哥时，令他吃惊不已的是，索尼彩电竟然在当地的寄卖商店里蒙满了灰尘，无人问津。

如何才能改变这种既成的印象，改变销售的现状呢？卯木肇陷入了沉思……

一天，他驾车去郊外散心，在归来的路上，他注意到一个牧童正赶着一头大公牛进牛栏，而公牛的脖子上系着一个铃铛，在夕阳的余晖下叮当叮当地响着，后面是一大群牛跟在这头公牛的屁股后面，温驯地鱼贯而入……此情此景令卯木肇一下子茅塞顿开，他一路上吹着口哨，心情格外开朗。想想一群庞然大物居然被一个小孩儿管得服服帖帖的，为什么？还不是因为牧童牵着一头带头牛。索尼要是能在芝加哥找到这样一只"带头牛"商店来率先销售，岂不是很快就能打开局面？卯木肇为自己找到了打开美国市场的钥匙而兴奋不已。

马歇尔公司是芝加哥市最大的一家电器零售商，卯木肇最先想到了它。为了尽快见到马歇尔公司的总经理，卯木肇第二天很早就去求见，但他递进去的名片被退了回来，原因是经理不在。第三天，他特意选了一个估计经理比较闲的时间去求见，但回答是"外出了"。他第三次登门，经理终于被他的诚心所感动，接见了他，却拒绝卖索尼的产品。经理认为索尼的产品降价拍卖，形象太差。卯木肇非常恭敬地听着经理的意见，并一再地表示要立即着手改变商品形象。

回去后，卯木肇立即从寄卖店取回货品，取消削价销售，在当地报纸上重新刊登大面积的广告，重塑索尼形象。

做完了这一切后，卯木肇再次叩响了马歇尔公司经理的门。听到的却是索尼的售后服务太差，无法销售。卯木肇立即成立索尼特约维修部，全面负责产品的售后服务工作；重新刊登广告，并附上特约维修部的电话和地址，并注明24小时为顾客服务。

屡次遭到拒绝，卯木肇还是痴心不改，他规定他的每个员工每天拨5次电话，向马歇尔公司询购索尼彩电。马歇尔公司被接二连三的电话搞得晕头转向，以致员工误将索尼彩电列入"待交货名单"。这令经理大为恼火，这一次他主动召见了卯木肇，一见面就大骂卯木肇扰乱了公司的正常工作秩序。卯木肇笑逐颜开，等经理发完火之后，他才晓之以理、动之以情地对经理说："我几次来见您，一方面是为本公司的利益，但同时也是为了贵公司的利益。在日本国内最畅销的索尼彩电，一定会成为马歇尔公司的摇钱树。"在卯木肇的极力劝说下，经理终于同意试销2台，不过，条件是：如果一周之内卖不出去，立马搬走。

为了开个好头，卯木肇亲自挑选了两名得力干将，把百万美金订货的重任交给了他们，并要求他们破釜沉舟，如果一周之内这2台彩电卖不出去，就不要再返回公司了……

两人果然不负众望，当天下午4点钟，两人就送来了好消息。马歇尔公司又追加了2台。至此，索尼彩电终于挤进了芝加哥的"带头牛"商店。随后，进入家电的销售旺季，短短一个月内，竟卖出700多台。索尼和马歇尔从中获得了双赢。

有了马歇尔这头"带头牛"开路，芝加哥的100多家商店都对索尼彩电群起而销之，不出3年，索尼彩电在芝加哥的市场占有率达到了30%。

不要以为机遇和创新是一件多了不起的事情，其实，只要你多留意一下身边的人和事就会有许多的启发，关键就看你能不能发现这个机遇，并运用自己的智慧和努力将其转化为现实。

在细节上找突破

　　很多人的成功源于专门去发现细节。对这种人来说，没有细节就没有机遇；留心了细节，就意味着创造了机遇。

　　日本一家制药公司就从细节上找突破、顺利地解决问题的事情，可以给我们启发：

　　"点滴液"是给衰弱病人的液管补充营养的药液，以前点滴液都是封在大大的玻璃瓶中，就像一支大号的安培瓶。一旦病人需要输液，就由医护人员在玻璃瓶壁上划开一个小口子，将一根橡皮管子插进去，进行输液。每次都要在玻璃瓶壁上划开一个口子，非常不容易，使用起来要花半天时间来对付这个玻璃瓶；但是"点滴液"是要输到病人的血里去的，卫生程度要求非常高，千万不能为图方便而让细菌混到里面去了。有没有一种办法，既保证了"点滴液"的卫生和安全，又便于医护人员快捷地使用呢？

　　日本一家制药公司的社长瞄准了这个"不便之处"大作文章，他想：如果能够在点滴瓶上动点脑筋，一定会受到人们的欢迎！……于是，社长向全体员工发出命令："必须造出便利的点滴瓶。"不久，有位年轻的职员向公司提出了自己的建议："能否在玻璃瓶的瓶口上加一个橡皮塞，要输液的时候，只要把针头从橡皮塞中插进去，滴液就会从瓶中流出来。"公司对他的建议非常感兴趣，马上就把他的这项提议申报了专利，然后又制出成品，向外大量推广。这项小发明如今已被世界所有国家所采用，在任何医院都是用这种"可无菌使用的，且使用极其方便"的新式点滴瓶来挂盐水、挂葡萄糖，由于这项简单的专利适应面非常广，产品销量也就非常大，这家医药公司因此所获得的专利收入也非常可观，在一夜之间，由一个乡村小作坊，发展成日本数一数二的大制药公司，扬名世界。

莫忽视细微处的改进，有时越是细小之处，越可以作出大文章。

但是细节，因其小被人们忽略了，从而造成了大问题，给人们带来很大麻烦。一些企业人善于从细节做起，从而使局面得到很大的，有时甚至是彻底的改观。

日本的东芝电器公司1952年前后曾一度积压了大量的电扇卖不出去。7万多名职工为了打开销路，费尽心机地想了不少办法，依然进展不大。

有一天，一个小职员向公司领导人提出了改变电扇颜色的建议。当时全世界的电扇都是黑色的，东芝公司生产的电扇也不例外。这个小职员建议把黑色改为浅颜色。这一建议引起了公司领导人的重视。经过研究，公司采纳了这个建议。第二年夏天，东芝公司推出了一批浅蓝色电扇，大受顾客欢迎，市场上还掀起了一阵抢购热潮，几个月之内就卖出了几十万台。从此以后，在日本以及在全世界，电扇就不再是板起一副统一的"包公脸儿"了。

这一事例具有很强的启发意义，只是改变了一下颜色这种小细节，就开发出了一种面貌一新、大大畅销的新产品，竟使整个公司因此而渡过了难关。这一改变颜色的设想，其经济效益和社会效益何等巨大！

而提出这一设想，既不需要渊博的科学知识，也不需要有丰富的商业经验，为什么东芝公司其他的几万名职工就没人想到、没人提出来呢？为什么日本以及其他国家的成千上万的电器公司，在以往长达几十年的时间里，竟都没人想到、没人提出来呢？看来，这主要是因为，自有电扇以来，它的颜色就是黑色的。虽然谁也没有作过这样的规定，而它在漫长的时间里已逐渐形成为一种惯例、一种传统，似乎电扇就只能是黑色的，不是黑色的就不成其为电扇。这样的惯例、这样的传统反映在人们的头脑中，便成为一种源远流长、根深蒂固的思维定式，严重地阻碍和束缚了人们在电扇设计和制造上的创新思考。很多传统观念和做法，不仅它们的产生有客观基础，它们得以长期存在和广泛流传，也往往有其自身的根据和理由。一般来说，它们是前人的经验总结和智慧积累，值得后人继承、珍视和借鉴。但也不能不注意和警惕：它们有可能妨碍和束缚我们的创新思考。

以细节为突破口，改变思维定式，你将步入一个新境界。

创新的源泉，实质上就是突破思维定式，向新的方向多走一步。就像切苹果一样，如果不换种切法，你就永远不可能看到苹果里面美丽的图案。

美国有一家生产牙膏的公司，其产品优良，包装精美，深受广大消费者的喜爱。记录显示，公司前10年每年的营业增长率为10%~20%，这令董事部欢呼雀跃。不过，随后的几年里，公司的业绩停滞了下来，每个月维持同样的数字。董事长对业绩感到不满，便召开全国经理级高层会议，以商讨对策。

会议中，有名年轻经理站起来，对董事长说："我手中有张纸，纸里有个建议，若您要使用我的建议，必须另付我5万美元作为奖励。"

总裁听了很生气地说："我每个月都支付你薪水，另有分红、奖金。现在叫你来开会讨论，你还要另外付你5万美元。是不是过分了？"

"总裁先生，请别误会。若我的建议行不通，您可以将它丢掉，一分钱也不必付。"年轻的经理解释说。

"好！"总裁接过那张纸，看完后马上签了一张5万美元支票给那位年轻的经理。

那张纸上只写了一句话：将现有的牙膏管口的直径扩大1毫米。

总裁马上下令更换新的包装。

试想，每天早上，每个消费者挤出比原来的直径粗1毫米的牙膏，每天牙膏的消费量将多出多少呢？

这个决定，使该公司随后一年的营业额增加了30%。

在试图增加产品销量的时候，绝大多数人总是在大力开发市场、笼络更多的顾客方面作文章，如果你转换一下脑筋，增加老顾客的消费数量，也能够达到同样的目的。

随着社会经济的发展，企业之间的竞争越来越激烈，能否在激烈的市场竞争中求得生存、获得发展，关键是企业是否能够针对消费者的不同的消费细节，推陈出新，生产出能够得到消费者认可的新产品。因此，科技创新要与市场紧密结合。

1996年，海尔推出中国第一台"即时洗"小型洗衣机。这种叫"小小神童"的洗衣机，填补了市场的空白，成为引导消费者的一个热门产品。像上海，最热的时候一天要换洗两次衣服，频次高而量很少，5公斤的洗衣机不合适。在这种情况下，如果开发小型洗衣机，将会有一个大的市场。其实，这就是从消费者的消费细节而产生的一个产品创意。

经过上百次的技术论证，开发"小小神童"洗衣机的方案成熟了，海尔又专门向用户发出"咨询问卷"，没想到一下收到5万份回信，信里不但有热情洋溢的鼓励，还有渴盼能够尽快买到这种洗衣机的希望，有的用户甚至迫不及待地把钱直接汇到厂里。用户的心声、市场的需求让开发人员心里有了底，他们加紧工作，经过许多个日日夜夜，终于让"小小神童"走下了生产线，最终也获得了成功，销售情况非常好。

海尔洗衣机的技术人员并没有就此止步，他们时刻注意倾听市场的声音。有人说"小小神童"虽好，可惜没有甩干功能，这一细节又让海尔人抓住了，于是，技术人员继而研发出具有甩干功能的新型机，一下子形成了又一个市场新卖点。此后，不断有新一代的"小小神童"问世，而且每一代都与市场需求密切相关。

在产品开发与市场开发上，许多企业存在着极不协调的现象，因此海尔建立了"从市场中来，到市场中去"的环形新产品开发机制，要求产品创新必须与市场紧密结合。总之，用户在日常生活中的不满意点、遗憾点及希望点，这些细节能准确地反映市场潜在的需求点，据此开发出的产品一定会受到消费者的欢迎。可以说市场中每个有待完美的细节，都是产品创新的课题。

改变细节，与众不同

在当今激烈竞争的市场中，怎样才能使企业始终立于不败之地呢？可以说答案就是：细节决定企业竞争的成败。这主要也是由两个原因造成：其一，对于战略面、大方向，角逐者们大都已经非常清楚，很难在这些因素上赢得明显优势；其二，现在很多商业领域已经进入微利时代，大量财力、人力的投入，往往只为了赢取几个百分点的利润，而某一个独特的细节却足以让商家赚取很多的利润。

细节制胜的例子可谓是举不胜举。

著名的瑞士Swatch手表的目标就是在手表的每一个细微处展现自己的精致、时尚、艺术、人性。此外，随着季节变化，Swatch不断地变化着主题。针盘、时针、分针、表带、扣环……无一不是Swatch的创意源泉。它力图在手表这样一个狭小的空间里，每一个意念都得到最完美的阐释。Swatch尤其受到年轻人的拥护，其每一款图像、色彩，在每一个细微处，都暗含年轻与个性的密码，或许这就是它风靡的原因。

同样Motorola的经典手机V70的设计也是在"细节"上取胜的典范。用它的创造者意大利摩托罗拉高级手机设计师Iulius Lucaci的话来说，V70就是"不断创造"的成果，是"想不到的设计"。

设计细节一是与众不同的随心360度旋转的接听开盖方式；接听开盖设计灵感来自于东方的折扇。设计细节二是特大液晶屏幕以深海蓝的背景配合白色输入显示，多色可置换屏幕外环；灵感指向是蓝色暗光背景键盘，似深海夜钻。

创新是企业界里一个非常时髦的词，但无数实践证明，创新往往存在于细节之中。

一些人误以为，创新始于宏伟目标，终于倍受瞩目的结果。这就使人们很容易忽视细节，这又成了制约创新的瓶颈。然而，细节是创新之源，要想获得创新，就必须明白"不择细流方以成大海，不拒抔土方以成高山"之理。

目前，许多企业在寻求创新时，不管在技术创新还是在管理创新方面，总习惯于贪大求全，却很少有"于细微处见精神"的细心和耐心。相反，海尔集团首席执行官张瑞敏在谈到创新时却说："创新不等于高新，创新存在于企业的每一个细节之中。"

事实上，海尔集团在细节上创新的案例可谓数不胜数，仅公司内单以员工命名的小发明和小创造每年就有几十项之多，如"云燕镜子""晓玲扳手""启明焊枪""秀凤冲头"，等等，并且这些创新已在企业的生产、技术等方面发挥出越来越明显的作用。

虽然每一个细节看上去都很小，但是这儿一个小变化、那儿一个小改进，就可以创造出完全不同的产品、工序或服务。如果说创新是一种质变，那么这种质变经过了量变的积累，就自然会达成大的变革和创新。很多事情看似简单却很复杂，看似复杂却很简单。企业的经营，只有重视细节，从细节入手，才能取得有效的创新。

日本许多中小企业成功的经验，就在于厂家能够始终密切注视消费者在日常生活中产生的要求，生产相关产品。有些厂家不惜重金，以有奖竞赛的形式购买消费者的小发明。比如在我们生活中经常用到的"三通"电源开关，就是有"经营之神"称号的松下幸之助，受了家庭主妇们偶尔一次议论的启发而发明的。

近年来，随着带凹板的地板在日本家庭的流行，出现了普通的刷子难以将落入凹格里的尘土刷干净的问题。日本静冈县的一家工厂推出了专门解决这一问题的新型刷子，一经推出，马上供不应求。原来他们是采用了一位普通家庭妇女的发明。这位妇女看到猫、狗的舌头可以舔尽碟盘中的食物，受到启发，想起可以在刷毛下面垫上一层海绵，这样刷子就可以像狗舌头一样，把凹格里的灰尘"舔净"。

静冈县的这家工厂在获悉了这位妇女的发明后，经过试验，发现效果非常好，就马上买下了这项发明，投入市场后，立即热销。而那位发明这种刷子的主妇，每月也可从工厂领取15万日元的发明奖。

有时候一个小小的细节就会激发你的创意，让你获得解决困难的灵感。

位于美国俄勒冈州的纽波特海湾，一年四季风光旖旎，海风习习。在海湾的一个小镇上，人们仿佛过着远离尘世的生活，除了海浪扑向海岸的声音，其他的一切都沉睡着，没有摇滚，没有"嬉皮"，没有"朋克"，一切来自大城市的污染都没有。偶尔有三三两两的游客到这里来转转，显得特别扎眼。莎莉斯和科利尔决定在这里开设他们的旅馆。

这无疑是一个冒险的举动，靠旅客吃饭的旅馆，面对的却是每日寥寥无几的外来人，来小镇办事的人大都住在政府开办的招待所。朋友和亲人都这样认为：他们简直疯了。

但是8年后，当人们再看到莎莉斯和科利尔这家名为西里维亚·贝奇的旅馆时，红火的生意让人眼馋，每年有数以万计的游客在这里下榻。现在想来住宿，需要提前两个星期预订房间。当然，小镇也因此人气渐旺，但宁静依然。

莎莉斯和科利尔是如何把游客引来的呢？

谜底是小说。

8年前，莎莉斯和科利尔还在俄勒冈州的一家大酒店里供职。在工作中他们发现，很多人在旅游之际，不愿意去酒店里的酒吧、赌场、健身房这些娱乐场所，也不喜欢看电影、电视，而是静下心来在房间里看书。时常有游客问科利尔，酒店里能不能提供一些世界名著？酒店里没有，爱看小说的科利尔满足了他们。问的人多了，莎莉斯就留心起来。

一段时间后，她发现这一消费群体相当庞大。现代社会压力极易让人浮躁，人们强烈地要求释放自己，有的人就去酒吧疯狂，去赌场寻刺激来发泄，而另一部分人偏爱寻一方静地让自己远离并躲避一切烦恼与压力，看书是一种最好的方式。开一家专门针对这类人群的旅馆，是否可行呢？莎莉斯在一次闲聊时，把这个想法对科利尔说了。没想到他早就注意到这一现象，两人一拍即合，决定合伙开办一家"小说旅馆"。

为了安静，他们最后选择了纽波特海湾这个偏僻的小镇。他俩集资购买了一幢3层楼房，设客房20套，房间里没有电视机，旅馆内没有酒吧、赌场、健身房，连游泳池都没有。

这就是科利尔和莎莉斯所想要达到的效果。在"海明威客房"中，人们可以看到旭日初升的景象，通过房间中一架残旧的打字机及挂在墙壁上的一只羚羊头，人们马上就会想到海明威的小说《老人与海》以及《战地钟声》等作品中动人的情节描写，迫不及待地想从"海明威的书架"上翻看这些小说，那种舒适的感受也许让人终身难忘。

所有的故事描述与人物刻画在莎莉斯和科利尔的精心筹划和布置下，都表现在房间里。令人大惑不解的是，他们的旅馆刚投入使用，来此的游客就与日俱增，尽管对这种新颖的旅馆有口碑相传的效应，但稀疏的几个外来人或许自己都没有来得及消化，影响还不至于这么快。

原来，在科利尔和莎莉斯布置旅馆的同时，就早已开始了招徕顾客的工作。

既然是小说旅馆，自然顾客群是与书亲近的人。为了方便与顾客接触、交流，他们在俄勒冈开了一家书店，凡是来书店购书的人都可以获得一份"小说旅馆"——西里维亚·贝奇的介绍和一张开业打折卡。许多人在看了这份附着图片的彩色介绍之后，就被这家奇特的旅馆吸引住了，有的人当即就预订了房间。为了扩大客源，莎莉斯还与俄勒冈的其他书店联系，希望他们在售书时，附上一张"小说旅馆"的介绍。这种全方位、有针对性的出击，为他们赢得了稳定的客源。这种形式一直持续到现在。

随着时间的推移，"小说旅馆"的影响日渐扩大。莎莉斯和科利尔书店生意的兴隆，也显示出了其"小说旅馆"客人的增加。在旅馆的每个房间和庭院里，随处可见阅读小说、静心思考、埋头写作的人，甚至一些大牌演员和编剧也在这里讨论剧本。一些新婚夫妇以住在旅馆中用法国女作家科利特命名的"科利特客房"中度蜜月为荣。

创意来自生活的细节。一些看似无用的细节，往往能激发你的灵感，为你带来不凡的创意。只要我们怀着善于发现的眼光，有用的细节就会无处不在。只要用心把握好细节，我们定能找到解决困难的方法。

第七章

伟大源于细节的积累
——从小事做起

从小事中做出大学问

西点军校在培训方面很重视细节，总是强调必须熟知每一个细节点，比如从M16枪支的使用和构造到扣环的清洁等。他们通过细节的学习让学员了解到，追求完美其实并不是遥不可及的事情，而是像擦扣环一样容易：你能把扣环擦亮，在做重大的事情时，就一样有信心去做成功，而不受别的因素影响。西点军校要求学员像呼吸一样完成任务，形成一种近乎本能的追求完美的习惯。

面对这种严格的要求，在有些事情上，新学员可能会做得不够完美，所以学员必须学会在所有事情中去判断哪个重要、哪个次之，找出平衡点，有条理地、努力地去完成所有的任务，尽量做得成功和完美。通过这种训练，使学员在以后的生活中，遇到再多压力也能应付自如。

如果学员身上很痒，但要忍得住，不能去挠。试想，如果一支部队的士兵都在左摇右摆地挠痒，他们能有战斗力吗？所以，学员应该明白这就是自律。

新学员在第一年要学会服从，通过在服从中体验这些困难，以增强他们的自尊、自律，从而达到追求完美的目的。

注重细节是一种日积月累的习惯，而人的行为有95％会受习惯影响。在习惯中积累会逐渐形成素质。爱因斯坦曾说过："当人们忘记了在学校里所学的一切之后，剩下的就是素质，教育的真正目的也在于此。"而习惯就是忘不掉的最重要的素质之一。

人与人之间的差别，往往就在一些习惯上，并且正是因为这些关注细小的事情所养成的习惯，决定了不同的人具有不同的命运。

两个同龄的年轻人同时受雇于一家店铺，拿同样的薪水。

可是一段时间后，叫阿诺德的那个小伙子青云直上，而那个叫布鲁诺的小伙子却仍在原地踏步。布鲁诺很不满意老板的不公正待遇。终于有一天他到老板那儿发牢骚了。老板一边耐心地听着他的抱怨，一边在心里盘算着怎样向他解释清楚他和阿诺德之间的差别。

"布鲁诺先生，"老板开口说话了，"你现在到集市上去一下，看看今天早上有什么卖的。"

布鲁诺从集市上回来向老板汇报说，今早集市上只有一个农民拉了一车土豆在卖。"有多少？"老板问。

布鲁诺赶快戴上帽子又跑到集市上，然后回来告诉老板一共40袋土豆。"价格是多少？"布鲁诺又第三次跑到集市上问来了价格。"好吧，"老板对他说，"现在请您坐到这把椅子上一句话也不要说，看看别人怎么做。"

老板将阿诺德找来，并让他看看集市上有什么可卖的。

阿诺德很快就从集市上回来了，向老板汇报说到现在为止只有一个农民在卖土豆，一共40口袋，价格是多少多少；土豆质量很不错，他带回来一个让老板看看。这个农民一个钟头以后还会弄来几箱西红柿，据他看价格非常公道。昨天他们铺子的西红柿卖得很快，库存已经不多了。他想这么便宜的西红柿老板肯定会要进一些的，所以他不仅带回了一个西红柿做样品，而且把那个农民也带来了，他现在正在外面等回话呢。

此时老板转向了布鲁诺，说："现在你肯定知道为什么阿诺德的薪水比你高了吧？"

同样的小事情，有心人做出大学问，不动脑子的人只会来回跑腿而已。别人对待你的态度，就是对你做事情结果的反应，像一面镜子一样准确，你如何做的，它就如何反射回来。

一位年轻人毕业后被分配到一个海上油田钻井队。在海上工作的第一天，领班要求他在限定的时间内登上几十米高的钻井架，把一个包装好的漂亮盒子送到最顶层的主管手里。他拿着盒子快步登上高高的狭窄的舷梯，气喘吁吁、满头是汗地爬上顶层，把盒子交给主管。主管只在上面签下自己的名字，就让他送回去。他又快跑下舷梯，把盒子交给领班，领班也同样在上面签下自己的名字，让他再送给主管。

他看了看领班，犹豫了一下，又转身爬上舷梯。当他第二次登上顶层把盒子交给主管时，浑身是汗，两腿发颤，主管却和上次一样，在盒子上签上名字，让他把盒子再送回去。他擦擦脸上的汗水，转身走向舷梯，把盒子送下来，领班签完字，让他再送上去。

这时他有些愤怒了，他看看领班平静的脸，尽力忍着不发作，又拿起盒子艰难地一个台阶一个台阶地往上爬。当他上到最顶层时，浑身上下都湿透了，他第三次把盒子递给主管，主管盯着他，傲慢地说："把盒子打开。"他撕开外面的包装纸，打开盒子，里面是两个玻璃罐，一罐咖啡，一罐咖啡伴侣。他愤怒地抬起头，双眼喷着怒火，射向主管。

主管又对他说："把咖啡冲上。"年轻人再也无法忍受了，"叭"地一下把盒子扔在地上："我不干了！"说完，他看看倒在地上的盒子，感到心里痛快了许多，刚才的愤怒全释放了出来。

这时，这位傲慢的主管站起身来，直视他说："刚才让你做的这些，叫作承受极限训练。我们因为在海上作业，随时会遇到危险，就要求队员身上一定要有极强的承受力，承受各种危险的考验，才能完成海上作业任务。前面三次你都通过了，可惜，只差最后一点点，你没有喝到自己冲的甜咖啡。现在，你可以走了。"

年轻人懊悔地离开了，但是他从这件事上吸收了教训，他懂得成功在于一点一滴的磨炼，并立志一定要做一番事业。经过几年的艰苦拼搏后，他逐渐养成了关注细节的习惯，并最终成了一名油田钻井队的队长。

因此，对于那些刚进职场的年轻人，很少马上就被委以重任，往往是做些琐碎的工作。但是不要小看它们，更不要敷衍了事，因为人们是通过你的工作来评价你的。如果连小事都做得潦草，别人还怎么敢把大事交给你呢？

一生磨一镜，精益求精

在荷兰，有一个刚初中毕业的青年农民来到一个小镇，找到了一份替镇政府看门的工作。他在这个门卫的岗位上一直工作了60多年，他一生没有离开过这个小镇，也没有再换过工作。

也许是工作太清闲，他又太年轻，他得打发时间。他选择了又费时又费工的打磨镜片当自己的业余爱好。就这样，他磨呀磨，一磨就是60年。他是那样的专注和细致，锲而不舍，他的技术已经超过专业技师了，他磨出的复合镜片的放大倍数，比他们的都要高。凭借他研磨的镜片，他终于发现了当时科技尚未知晓的另一个广阔的世界——微生物世界。从此，他声名大振，只有初中文化的他，被授予在他看来高深莫测的巴黎科学院院士的头衔。就连英国女王都到小镇拜会过他。

创造这个奇迹的小人物，就是科学史上鼎鼎有名的、活了90岁的荷兰科学家万·列文虎克，他老老实实地把手头上的每一个玻璃片磨好，用尽毕生的心血，致力于每一个平淡无奇的细节的完善，终于他在他的细节里看到了他的上帝，科学也在他的细节里看到了自己更广阔的前景。

一花一世界，一沙一天堂。如果你能执着地把手上的小事情做到完美的境界，你同样也会成为一个了不起的人物。

18世纪的讽刺文学作家伏尔泰创作的悲剧《查伊尔》公演后，受到观众很高的评价，许多行家也认为这是一部不可多得的成功之作。

但当时，伏尔泰本人对这一剧作并不十分满意，认为剧中对人物性格的刻画和故事情节的描写，还有许多不足之处。因此，他拿起笔来一次又一次地反复修改，直到自己满意了才肯罢休。为此，伏尔泰还惹下了一段不大不小的风波。

经伏尔泰这样精心修改后，剧本确实一次比一次好，但是，演员们非常厌烦，因为他每修改一次，演员们总要重新按修改本排练一次，这要让他们花费许多精力和时间。

为此，出演该剧的主要演员杜孚林气得拒绝和伏尔泰见面，不愿意接受伏尔泰重新修改后的剧本。这可把伏尔泰难为坏了。他不得不亲自上门把稿子塞进杜孚林住所的信箱里。然而，杜孚林还是不愿看他的修改稿。

有一天，伏尔泰得到一个消息，杜孚林要举行盛大宴会招待友人。于是，他买了一个大馅饼和12只山鹑，请人送到杜孚林的宴席上。

杜孚林高兴地收下了。在朋友们的热烈掌声中，他叫人把礼物端到餐桌上用刀切开，当在场的人把礼物切开时，所有的客人都大吃一惊，原来每一只山鹑的嘴里都塞满了纸。他们将纸展开一看，原来是伏尔泰修改的稿子。

杜孚林感到哭笑不得，后来他怒气冲冲地责备伏尔泰："你为什么要这样做？"

　　伏尔泰答："老兄，没有办法呀，不做到最好，我的饭碗就要砸了！"

　　伏尔泰之所以成为伏尔泰，最大的原因就是缘于他能"做到最好"，而并不是因为他有多聪明！假如你尚没有伏尔泰的聪明或名气，你是否有理由像他那样对待自己的"饭碗"呢？

　　许多人之所以失败，往往是因为他们马虎大意、鲁莽轻率。泥瓦工和木匠如果靠半生不熟的技术建造房屋，那么那些砖块和木料拼凑成的建筑有些在尚未售出之前，可能就已经在暴风雨中坍塌了。医科学生因为没有花时间和精力好好为未来做准备，做起手术来捉襟见肘，是把病人的生命当儿戏。一些律师只顾死记法律条文，不注意在实践中培养自己的能力，真正处理起案件来也难以应付自如，白白花费当事人的金钱……

　　建筑时小小的误差，可以使整幢建筑物倒塌；不经意抛在地上的烟蒂，可以使整幢房屋甚至整个村庄化为灰烬；因为事故致人残废——空空的裤管、无臂的衣袖、无父无母的家庭都是人们粗心、鲁莽与种种恶习造成的结果。

　　2004年2月15日，吉林市中百商厦发生特大火灾，造成54人死亡、70人受伤，直接经济损失400余万元。然而，这么一起严重的事故，其直接原因竟然仅仅是一个烟头：一位员工到仓库内放包装箱时，不慎将吸剩下的烟头掉落在地上，随意踩了两脚，在并未确认烟头是否被踩灭的情况下匆匆离开了仓库。当日11时左右，烟头将仓库内物品引燃。

恰恰在这种情况下，中百商厦当日保卫科工作人员违反单位规章制度，擅自离开值班室，未对消防监控室监控，没能及时发现起火并报警，延误了抢险时机。同时，他们得知火情后，违反消防安全管理的有关规定和本单位制定的灭火和应急疏散方案中规定的紧急通知浴池和舞厅人员由边门疏散的要求，未能及时有效组织群众疏散，致使顾客及浴池和舞厅人员在发生火灾后未能及时逃生，造成特别严重的后果。

一个烟头，54条人命！

事情就是这么简单，简单得令人难以承受。

虽然政府对这起特大火灾的处理已经落下帷幕，但火灾刻在人们心中的印记、留给社会的思考远未结束。表面看来，是一只小小的烟头引燃了这场人间惨剧，但是寻找其根源，夺去54条人命的，不是现实中忽明忽暗的烟头，而是工作人员的马虎轻率、不负责任——另一只深藏在人们心中的更为可怕的烟头。

在这次事件中，那位丢弃烟头的员工何尝想将中百商厦这座大楼变为废墟，又何尝想使54个生灵瞬间消失？可是他应该想到却没有想到的是，他的一个小小的举动，确实把他人的生命和财产推到了危险的边缘，进而酿成了惨祸；保卫科员工何尝想到自己工作中的疏忽大意为火灾埋下了如此之深的隐患，而这样的隐患竟将54条鲜活的生命引向了不归之路，使400余万元财产付之一炬？这些人应该想到却没有想到的是，正是他们的马虎轻率、漫不经心的举动，把那些鲜活的生命推向了死亡的深渊，致使一切无法挽回。

我们真诚地希望人们牢记这几句话：事情不分大小，都应使出全部精力，做得完美无缺，否则还不如不做。一个人如能从小养成这样的好习惯，他的生活将一定过得满足愉快，无牵无绊。

要想过上一种美满愉快的生活，只需做事精益求精，力求完善。当一个人把事情处理得顺顺当当、无牵无挂时，他心里的愉快，绝非笔墨所能形容。那些做事草率疏忽、错误多端的人，不但对不起事情，而且对不起自己！

有许多人往往不肯把事情做得尽善尽美，只用"足够了""差不多了"来搪塞了事。结果因为他们没有把根基打牢，所以不多时，便像一所不稳定的房屋一样倒塌了。

造成失败的罪魁祸首，就是从小养成敷衍了事、马马虎虎的坏习惯。而获取成功的最好方法，就是把任何事都做得精益求精、尽善尽美。

快些下决心吧，不要管别人做得怎么样，事情一到了你的手里，就非将它做得完美无缺不可。你一生的希望都在这个上面，千万不要再让那些偷懒、取巧、拖拉、不整、不洁的坏习惯来阻碍你了。

做好应做之事

出身名门的野田圣子，37岁就当上了日本内阁邮政大臣。她的第一份工作是在帝国酒店当白领丽人。

不过，在受训期间，圣子竟然被安排去清洁厕所，每天都要把马桶洗得光洁如新才算合格。可想而知，在这段日子里，圣子的感觉是多么的糟糕。当她第一天碰到马桶的一刹那，她几乎想吐。

很快地，圣子就开始讨厌起了这份工作，干起工作来马马虎虎。但有一天，一位与圣子一起工作的前辈，在洗完马桶后，居然伸手盛了满满的一大杯冲厕水，然后当着她的面一饮而尽。

在前辈的眼中，圣子的工作根本没有做到位，光洁如新只是工作的最低标准。她以此向圣子证明，经她清洁过的马桶，干净得连里面的水都可以用来饮用。

前辈这一出人意料的举动，使圣子大吃一惊。她发现自己在工作态度方面出了问题，根本没有负起应有的责任，于是，她对自己说："就算这一辈子都在洗厕所，也要当个最出色的洗厕人。"训练结束的那一天，圣子在洗完马桶后，毅然盛了满满的一大杯冲厕水，并喝了下去。这次经历，让野田圣子知道了什么是工作的最高准则，而在很多人眼中的合格、到位，只能算得上工作的最低要求。

记住，这是你的工作！意味着每个人都应做好应做之事，即不要忘记工作赋予你的荣誉，不要忘记你的责任，不要忘记你的使命。一个轻视工作的人，必将得到严厉的惩罚。

美国独立企业联盟主席杰克·法里斯曾讲起他少年时的一段经历。

在杰克·法里斯13岁时，他开始在他父母的加油站工作。那个加油站里有3个加油泵、两条修车地沟和一间打蜡房。法里斯想学修车，但他父亲让他在前台接待顾客。

当有汽车开进来时，法里斯必须在车子停稳前就站到司机门前，然后忙着去检查油量、蓄电池、传动带、胶皮管和水箱。法里斯注意到，如果他干得好的话，顾客大多还会再来。

于是，法里斯总是多干一些，帮助顾客擦去车身、挡风玻璃和车灯上的污渍。有段时间，每周都有一位老太太开着她的车来清洗和打蜡。这个车的车内地板凹陷极深，很难打扫。而且，这位老太太极难打交道，每次当法里斯给她把车准备好时，她都要再仔细检查一遍，让法里斯重新打扫，直到清除掉每一缕棉绒和灰尘她才满意。

终于，有一次，法里斯实在忍受不了了，他不愿意再侍候她了。法里斯回忆道，他的父亲告诫他说："孩子，记住，这是你的工作！不管顾客说什么或做什么，你都要记住做好你的工作，并以应有的礼貌去对待顾客。"

父亲的话让法里斯深受震动，法里斯说道："正是在加油站的工作使我学到了严格的职业道德和应该如何对待顾客。这些东西在我以后的职业经历中起到了非常重要的作用。"

"记住，这是你的工作！"我认为，应该把这句话告诉给每一个员工。哪怕遇到困难，我们也不能找任何借口。

每个人都必须有责任感，无论对工作、对家庭、对亲人，还是对朋友！

正因为存在这样、那样的责任，我们才会对自己的行为有所约束，而找寻各种借口便是将本应由你承担的责任转嫁给社会或他人，则是一个员工很糟糕的事情。更为可怕的是，若你一旦养成找寻借口的习惯，那你的责任心也将随之烟消云散，因此而等待你的糟糕结局也就不会太远了。

其实职场上没有什么不可能做到的事，要相信你比别的员工更出色，你一定能够承担起任何正常职业生涯中的责任。只要你不把借口摆在面前，就能做好一切，就完全能够做到对工作尽职尽责。

"记住，这是你的工作！"这是每一位员工必须牢记的！同时，也是每一位老板想告诉下列员工的——

告诉给那些在工作中推三阻四、老是抱怨、寻找种种借口为自己开脱的人；

告诉给那些不能最大限度地满足顾客的要求、不想尽力超出客户预期提供优质服务的人；

告诉给那些工作没有激情、总是推卸责任、不知道自我检讨的人；

告诉给那些不能优秀地完成上级交付的任务、不能按期完成自己本职工作的人；

告诉给那些总是挑三拣四，对自己的公司、老板、工作这不满意那不满意的人。

对于这些人最好的救治良药就是：端正他的坐姿，然后面对他，大声而坚定地告诉他：记住，这是你的工作！

记住，这是你的工作！既然你选择了这个职业，选择了这个岗位，就必须接受它的全部，而不是只享受它带给你的益处和快乐。就算是屈辱和责骂，那也是这个工作的一部分。

老板们欣赏能做好自己工作的人。能够做好自己的工作，是成功的第一要素。各行各业，人类活动的每一个领域，无不在呼唤能自主做好手中工作的员工。

齐格勒说："如果你能够尽到自己的本分，尽力完成自己应该做的事情，那么总有一天，你能够随心所欲从事自己想要做的事情。"反之，如果你凡事得过且过，从不努力把自己的工作做好，那么你永远无法达到成功的顶峰。对这种类型的人，任何老板都会毫不犹豫地把他排斥在自己的选择之外。

每个人都有自己的职位，每个人都有自己的做事准则。医生的职责是救死扶伤，军人的职责是保卫祖国，教师的职责是培育人才，工人的职责是生产合格的产品……社会上每个人的位置不同，职责也有所差异，但不同的位置对每个人都有一个最起码的做事要求，那就是做好应做之事。

不管你现在在哪个职位上，把你该做的事做好，都是你义不容辞的责任所在！

每个员工都要清楚，只有忠实地对待自己的工作，满怀着忠诚的责任心来对待老板，充分地使自己所在的位置发挥出应有的作用，才能巩固你现有的位置。

在老板的眼中，永远不会有空缺的位置。所以，如果你不想与自己的位置保持一种短暂的"约会"关系，而是保持一种长期性的关系，你就要在其位、谋其事。

如果你不想成为社会的"弃儿"，不想失业，就要在自己的位置上严格要求自己：能做到最好就全力以赴地去做到最好，勇敢地对自己的工作负起责任，并一直保持住这种良好的工作作风。

从平凡小事做起

无论多平凡的小事，只要从头至尾彻底做成功，便是一件大事。

假如你踏踏实实地做好每一件事，那么绝不会平庸地度过一生。

我们都是平凡人，只要我们抱着一颗平常心，踏实肯干，有水滴石穿的耐力，我们获得成功的机会，肯定不比那些禀赋优异的人少到哪里去。

有这样一位年轻人，他总是被公司当作替补队员，哪儿缺人手就被调到哪儿，自己的能力无法正常发挥。这位先生沮丧地向他的同学——现在已是一家公司的人力资源部经理诉苦道："这样值得继续干下去吗？我觉得自己的专长无法发挥出来。"昔日同学很认真地告诉他，你经常被调到不同岗位磨炼，是辛苦的，但只要你努力肯学，应该也能胜任，否则你的公司不会做这样的调度。现在，你在工作中的表现第一是努力，第二是努力，第三还是努力，那么过不了多久，公司员工之中磨炼最多的是你，能为公司贡献才智的也是你，你应该有这种认识。最后，同学又口授他一条成功秘诀：肯干就是成功，患得患失，拈轻怕重，就会失去成长的机会。受苦是成功与快乐的必经历程。这位先生干下去了，他干得很起劲，一年后，他终于成为公司中最耀眼的新星。

工作中每个人都有不同的分工，有些人负责一些比较重要且引人瞩目的工作，另外也有一些人负责的是常被人们忽视的琐事。假如你正好是负责这些不受到重视的琐事，你或许很容易就感到沮丧。沮丧起来或许就会忽视自己的职责，这样一来就会很容易出错，一出错就会消蚀自己的自信："我这是怎么啦，连这么无聊的活也做不好！"

皮尔·卡丹曾说："真正的装扮就在于你的内在美。越是不引人瞩目的地方越是要注意，这才是懂得装扮的人。因为只有美丽而贴身的内衣，才能将外表的华丽装扮更好地表现出来。"皮尔·卡丹的装扮理论用在工作上同样富有哲理，愈是不显眼的地方越要好好地表现，这才是成功的关键。

对此，纽约希尔顿饭店客户服务部经理莉莎·格里贝有着亲身的体验。她曾谈到：当初自己应聘饭店职员，被分配到洗手间工作，她有很大的情绪，认为洗手间工作低人一等。但通过一段时间的工作实践之后，她开始认识到工作没有高低贵贱之分，酒店的每一份工作都关系到酒店的服务质量和整体形象。从此她工作认真，服务热情周到，许多客人在接受她的服务之后，都交口称赞，因此，她被誉为酒店的榜样。她出色的工作表现，为酒店赢得了很多顾客，不久她被提升为客户服务部经理，更大地拓展了事业的平台。

莉莎的事例说明了什么？大事是由众多的小事积累而成的，忽略了小事就难成大事。从小事开始，逐渐增长才干，赢得认可、赢得干大事的机会，日后才能干大事。而那些一心想做大事的人如果不改变"简单工作不值得去做"的浮躁心态，是永远干不成大事的。

这也说明，在工作中每一件事都值得我们去做，而且应该用心地去做。

卢浮宫收藏着莫奈的一幅画，描绘的是女修道院厨房里的情景。画面上正在工作的不是普通的人，而是天使。一个正在架水壶烧水；一个正优雅地提起水桶；另外一个穿着厨衣，伸手去拿盘子——即使日常生活中最平凡的事，也值得天使们全神贯注地去做。

行为本身并不能说明自身的性质，而很大程度是取决于我们行动时的精神状态。工作是否单调乏味，往往取决于我们做它时的心境。

人生目标贯穿于整个生命历程，你在工作中所持的态度，使你与周围的人区别开来。日出日落、朝朝暮暮，它们或者使你的思想更开阔，或者使其更狭窄；或者使你的工作变得更加高尚，或者变得更加低俗。

每一件事情对人生都具有十分深刻的意义。你是砖石工或泥瓦匠吗？可曾在砖块和砂浆之中看出诗意？你是图书管理员吗？经过辛勤劳动，在整理书籍的间隙，是否感觉到自己已经取得了一些进步？你是学校的老师吗？是否对按部就班的教学工作感到厌倦？也许一见到自己的学生，你就变得非常有耐心，所有的烦恼都抛到了九霄云外了。

马丁·路德·金说："如果一个人是清洁工，那么他就应该像米开朗基罗绘画、贝多芬谱曲、莎士比亚写诗那样，以同样的心情来清扫街道。他的工作如此出色，以至于天空和大地的居民都会对他注目赞美：瞧，这儿有一位伟大的清洁工，他的活儿干得真是无与伦比！"

桑布恩先生是一位职业演讲家，曾经有一位优秀的邮差弗雷德给他提供最好的服务。在全国各地举行的演讲与座谈会上，他都会拿出这位邮差的故事和听众一起分享。

似乎每一个人，不论他从事的是服务业还是制造业，不论是在高科技产业还是在医疗行业，都喜欢听弗雷德的故事。听众对弗雷德着了迷，同时也受到他的激励与启发。

"我的名字是弗雷德，是这里的邮差，我顺道来看看，向您表示欢迎，介绍一下我自己，同时也希望能对您有所了解，比如您所从事的行业。"弗雷德中等身材，蓄着一撮小胡子，相貌很普通。尽管外貌没有任何出奇之处，但他的真诚和热情通过自我介绍溢于言表。

桑布恩收了一辈子的邮件，还从来没见过邮差作这样的自我介绍，这使他心中顿觉一暖。

当弗雷德得知桑布恩是个职业演说家的时候，弗雷德希望最好能知道桑布恩先生的日程表，以便桑布恩不在家的时候可以把信件暂时代为保管。

桑布恩先生表示没必要这么麻烦，只要把信放进房前的邮箱里就好。但弗雷德提醒道："窃贼会经常窥探住户的邮箱，如果他们发现邮箱是满的，就表明主人不在家，他们就可能为所欲为了。"

所以弗雷德建议只要邮箱的盖子还能盖，他就把信放到里面，别人不会看出桑布恩不在家。塞不进邮箱的邮件，他就把信件搁在房门和屏栅门之间，从外面看不见。如果房门和屏栅门之间也放满了，他就把剩下的信留着，等桑布恩回来。

桑布恩在多次演讲中提起弗雷德的故事后，有一个灰心丧气、一直得不到老板赏识的员工写信给桑布恩。信中表示弗雷德的榜样鼓励了她坚持不懈，做好每一件平凡小事，而不计较是否能得到承认和回报。

目前全球有很多公司创设了"弗雷德奖"，专门鼓励那些在服务、创新和尽责方面具有同样精神的员工。

由此可见，每一件事都值得我们去做。不要小看自己所做的每一件事，即便是最普通的事，也应该全力以赴、尽职尽责地去完成。小任务顺利完成，有利于你对大任务的成功把握。一步一个脚印地向上攀登，便不会轻易跌落。通过工作获得真正的力量的秘诀就蕴藏在其中。

每天进步一点点，成功从细节开始

伟大的成就通常是一些平凡的人们经过自己的不断努力而取得的，他们注重细节，懂得每天进步一点点，日积月累就前进一大步。对那些勇于开拓的人而言，生活总会给他提供足够的机会和不断进步的空间。人类的幸福就在于沿着已有的道路不断开拓进取，永不停息。那些最能持之以恒、忘我工作的人，往往就是最成功的人。

人们总是责怪命运的盲目性，然而命运本身的盲目性就是以人的活动为主体的。天道酬勤，命运总是掌握在那些勤勤恳恳地工作、每天注意细节的人手中，就正如优秀的航海家总能驾驭大风大浪一样。对人类历史的研究表明，在成就一番伟业的过程中，一些最普通的品格，如公共意识、注意力、专心致志、持之以恒等，往往起很大的作用。即使是盖世天才也不能小视这些品质的巨大作用，一般的就更不用说了。事实上，正是那些真正伟大的人物才相信常人的智慧与毅力的作用，而不相信什么天才。

牛顿无疑是世界一流的科学家。当有人问他到底是通过什么方法得到那些伟大的发现时，他诚实地回答道："总是思考着它们。"还有一次，牛顿这样表述他的研究方法："我总是把研究的课题置于心头，反复思考，慢慢地，起初的点点星光终于一点一点地变成了阳光一片。"正如其他有成就的人一样，牛顿也是靠勤奋、专心致志和持之以恒来取得成功的，他的盛名也是这样换来的。

可见，一点点进步都是来之不易的，任何伟大的成功都不可能唾手可得。千里之行，始于足下。不积跬步，无以至千里；不积小流，无以成江海。德·迈斯特说过："耐心和毅力就是成功的秘密。"没有播种就没有收获，光播种，而不善于耐心地、满怀希望地耕耘，也不会有好的收获。最甜的果子往往在最后成熟，西方有一句格言："时间和耐心能把桑叶变成云霞般的彩锦。"

卡尔·华尔德曾经是爱尔斯金（美国近代诗人、小说家和出色的钢琴家）的钢琴教师。有一天，他给爱尔斯金教课的时候，忽然问他："你每天要练习多少时间钢琴？"

爱尔斯金说："大约每天三四小时。"

"你每次练习，时间都很长吗？"

"我想这样才好。"

"不，不要这样！"卡尔说，"你将来长大以后，每天不会有长时间的空闲的。你可以养成习惯，一有空闲就几分钟几分钟地练习。比如在你上学以前，或在午饭以后，或在工作的休息余闲，5分钟、5分钟地去练习。把小的练习时间分散在一天里面，如此则弹钢琴就成了你日常生活中的一部分了。"

14岁的爱尔斯金对卡尔的忠告未加注意，但后来回想起来真是至理名言，并且他从中得到了不可限量的益处。

当爱尔斯金在哥伦比亚大学教书的时候，他想兼职从事创作。可是上课、看卷子、开会等事情把他白天和晚上的时间完全占满了。差不多有两个年头，他一字不曾动笔，他的借口是"没有时间"。后来，他突然想起了卡尔·华尔德先生告诉他的话。到了下一个星期，他就把卡尔的话实验起来。只要有5分钟左右的空闲时间，他就坐下来写作100字或短短的几行。

出乎意料之外，在那个星期的终了，爱尔斯金竟写出了相当多的稿子。

后来，他用同样积少成多的方法，创作长篇小说。爱尔斯金的授课工作虽一天比一天繁重，但是每天仍有许多可以利用的短短余闲。他同时还练习钢琴。他发现每天小小的间歇时间，足够他从事创作与弹琴两项工作。

斯瓦布先生小时候的生活环境非常贫苦，他只受过短时间的学校教育。从15岁起，就在宾夕法尼亚的一个山村里赶马车了。过了两年，他才谋得另外一个工作，每周只有2.5美元的报酬，可是他仍无时不在留心寻找机会，果然，不久又来了一个机会，他应某工程师的招聘，去建筑卡内基钢铁公司的一个工厂，日薪1美元。做了没多久，他就升任技师，接着升任总工程师；到了25岁时，他就当上了那家房屋建筑公司的经理。又过了5年，他便兼任卡内基钢铁公司的总经理。到了39岁，他一跃升为全美钢铁公司的总经理。

斯瓦布每次获得一个位置时，总以同事中最优秀者作为目标。他从未像一般人那样离开现实，想入非非。那些人常常不愿使自己受规则的约束，常常对公司的待遇感到不满，甚至情愿彷徨街头等待机会来找他。斯瓦布深知一个人只要有决心、肯努力、不畏艰难，他一定可以成为成功的人。他的一生就像是一篇情节曲折的童话，我们从他一生的成功史中，可以看出努力劳动的伟大价值。他做任何事情总是十分乐观和愉快，同时要求自己做得精益求精。因此有些必须考究一点的事情，非请他来处理不可，他做事总是按部就班，从不妄想一跃成功。他的升迁都是势所必然的。

这也启发人们：如果一个人积累不够，就急于表现，可能只是昙花一现，甚至会给自身带来伤害；而厚积薄发的人则会长久地享受成功的愉悦。

曾有一则这样的寓言可以很好地说明这一点：

农夫在地里同时种了两棵一样大小的果树苗。第一棵树拼命地从地下吸收养料，储备起来，滋润每一个枝干，积蓄力量，默默地盘算着怎样完善自身，向上生长。另一棵树也拼命地从地下吸收养料，凝聚起来，开始盘算着开花结果。

第二年春，第一棵树便吐出了嫩芽，憋着劲向上长。另一棵树刚吐出嫩叶，便迫不及待地挤出花蕾。

第一棵树目标明确，忍耐力强，很快就长得身材苗壮。另一棵树每年都要开花结果。刚开始，着实让农夫吃了一惊，非常欣赏它。但由于这棵树还未成熟，便承担开花结果的责任，累得弯了腰，结的果实也酸涩难吃，还时常招来一群孩子的石头袭击。甚至，孩子会攀上它那羸弱的身体，在掠夺果子的同时，损伤着它的自尊心和肢体。

时光飞转，终于有一天，那棵久不开花的壮树轻松地吐出花蕾，由于养分充足、身材强壮，结出了又大又甜的果实。而此时那棵急于开花结果的树却成了枯木。农夫诧异地叹了口气，将那根瘦小的枯木砍下，烧火用了。

两棵树的不同命运揭示出"成大事者需积累"的真谛，因此，对于那些刚进企业的员工来说，一定要养成坚持学习、每日"充电"的好习惯，但求知学习好比修剪移栽。修剪是一个长期的、不间断的过程，花草如果长时间不修剪，就会变得杂枝横陈；一个榜样员工如果长时间不学习，大脑就会迟钝，原有的知识就会落伍，原本作为榜样的优势就会荡然无存！

可见，一个人有没有出息，不在于你处于什么环境，干什么工作；关键是看你怎样对待环境，怎样对待工作，如何看待细节。你的态度会直接决定着你的命运，因为注重细节，每天进步一点点，命运就会掌握在你的手中。

积沙成丘、集腋成裘的道理每个人都懂，但是很少有人将这些道理付诸行动，而成功的人往往就是那些将这些道理变成行动的人。

每天勤奋一点点、每天完美一点点、每天主动一点点、每天学习一点点、每天创造一点点……只要每天进步一点点并坚持不懈，那么有一天你就会惊奇地发现，在不知不觉中，你已经在同事中脱颖而出，具备了承担责任的能力；每天多走访一条街、每天多给客户打一个电话、每天总结一条经验、每天多开发一个客户、每天的销量增加1%……只要在各项工作中每天进步一点点并长期坚持，那么有一天领导就会惊奇地发现，在不知不觉中你的各项业绩已经鹤立鸡群，在考核表中你的各项指标已经遥遥领先。

如果一个人在同事中具备了承担更多责任的能力，并拥有遥遥领先的业绩，那么升职加薪离他还会远吗？无论你是一位刚刚就职的销售员，还是一位营销老总，都应该坚持到底、永不放弃，哪怕只是每天进步一点点。因为只要这样一切都会由量变转化成质变，只要这样你就会从现实迈向成功的彼岸。

第八章

细节入手，赢得好人缘
——以细节结善缘

一点一滴累积交际经验

你知道一般人才与顶尖人才的真正区别在哪里吗？你可能毫不犹豫地回答，是才能。那你就错了。哈佛大学商学院曾经做过一个调查发现，在事业有成的人士中，26％靠工作能力，5％靠关系，而人际关系好占了69％。

可见，要想成为出类拔萃的顶尖人才，并不仅仅靠提升你的才能，更重要的是拓展你的人际关系，提升你的人际关系竞争力，也只有这样，你才会脱颖而出，取得事业的成功。

曾有这样一则寓言：

在动物王国里，熊猫是最受大家尊重的，就连爱挑剔的老狐狸也对它极为佩服，因为很难挑出它的什么毛病。

有一天，刺猬找到熊猫，向它请教道："熊猫大哥，你为什么那么受人尊重，有什么秘密吗？"

"秘密？没有。"熊猫坦然地答道，"不过，我开设了一个感情账户，不停地往里面存了礼貌、宽容、感恩、信用、诚实……"

"这样的感情账户有什么用吗？"

"当然有用，你也看到了，我开设了这个账户后，就已经开始受益了。"

其实，做人也如此。要想成就一番事业，在世间安身立命的话，也要在生活中开设一个"感情账户"，储存你所有的朋友信息。

在21世纪的今天，无论是保险、传媒，还是金融、科技、证券等各个领域，人际关系竞争力都是一个日渐重要的课题。专业知识固然重要，但人际关系是一个人通往财富、荣誉、成功之路的门票，只有拥有了这张门票，你的专业知识才能发挥作用。

在台湾证券投资领域，杨耀宇可是知名人士，他将人际关系竞争力发挥到了极致。他曾是统一集团的副总，退出后为朋友担任财务顾问，并兼任5家电子公司的董事。根据推算，他的身价应该有5亿元台币之高。为什么一个不起眼的乡下小孩到台北打拼能快速积累这么多财富？杨耀宇自己解释说："有时候，一个电话抵得上10份研究报告。我的人际关系网络遍及各个领域，上千万条，数也数不清。"

很显然，一个善于处理人际关系、拥有许多朋友的人，总能在人生和事业中像杨耀宇一样如鱼得水，这一点对于推销员的工作来说显得尤为重要。

据估计，有50%以上的行销之所以完成，是由于交情的关系，其实这就是交情行销。假如有50%的行销是以情面为基础，而你还没有和准客户（或客户）交朋友，你等于把50%的市场拱手让人了。

早在20世纪80年代，泰瑞就认识了声名卓著的演员迈尔斯·戴维斯。可是当时，他并没有想到这对他的生活将会产生怎样的影响。那时，泰瑞在纽约一家医院进行社会公益活动，而迈尔斯则刚刚在该医院做完手术。由于迈尔斯是一个大名人，所以泰瑞几乎每天都去看他。等到迈尔斯出院时，他们已成为非常不错的朋友。

一天，泰瑞收到了一份请柬，邀请他去参加迈尔斯的60岁寿宴。这次宴会迈尔斯只邀请了他最好的朋友，这对泰瑞而言真是不胜荣幸。

宴会上，泰瑞结识了埃迪·墨菲、肯尼斯·福瑞斯和埃迪的堂兄——雷·墨菲。当宴会结束时，肯尼斯说："泰瑞，今晚埃迪在卡门迪俱乐部有表演，您愿意去吗？"

"我当然愿意！"泰瑞答应道。

埃迪的表演相当不错。节目过后，泰瑞与肯尼斯和雷一起参加酒会。对于这次令人难忘的酒会，泰瑞说：

"如果是别人，他可能只认为那是个不错的酒会，他同两位朋友在卡门迪俱乐部度过了非常有趣的一晚。但我并没有这么做，我仍然不断地与朋友保持联系。回去之后，我立刻给他们去信，对他们的热情款待表示感激。"

泰瑞常常订购近百种杂志和报纸，但他一般只看那些他感兴趣的事。当某位名人提到他感兴趣的东西时，泰瑞便将它记录下来，输入电脑。于是，只要读到认为可能引起那些人的兴趣的东西，泰瑞就将文章给他们寄过去。尽管他没有一个确切的目的，但他感觉到他所做的这些细小的事情迟早会有用的。

　　当然，一旦泰瑞读到认为可能引起埃迪和另外两个朋友兴趣的文章时，也会给他们寄过去——这些文章包括泰瑞看到的各种内容，如音乐、电影、电视——泰瑞觉得，这正是让他们记得他的一种方式。

　　两年以后，泰瑞同埃迪·墨菲以及埃迪的同事们越来越熟悉。肯尼斯还经常邀请他去参加一些聚会，他也逐渐为埃迪·墨菲的圈内人士所接纳。

　　有一次泰瑞受邀参加了埃迪的第一次音乐会的拍摄。影片取得了巨大的成功，同时埃迪也成为世界最具票房价值的人物。不久，泰瑞又参加了一部由埃迪主演的影片的首映式。在这个首映式上，泰瑞听说埃迪正在寻找一个公关代理人。这时，泰瑞感觉到机会来了。他说：

　　"听到这个消息，我就预感我将成为埃迪的代理人。但是，我不知道该怎样去实现这个目标。有人认为这是一个野心勃勃的目标，但我有世界最具票房价值的埃迪作为我的第一位客户，这就是对我最大的支持。"

　　泰瑞所做的第一件事就是给埃迪写信。在给埃迪的信中，他简单地介绍了一下自己的工作，然后列出了自己在工商界、政界和娱乐行业的朋友，也就是那些他认为会推荐他的人。泰瑞非常清楚地表示，希望能成为埃迪的公关代理人。

一个月过去了，埃迪并没有回信。于是泰瑞决定给他家打电话。

接电话的是雷·墨菲，像往常一样，他非常热情地打招呼："你好，泰瑞！"

闲聊了一会儿，雷说："埃迪就在旁边，想和你谈谈。"

埃迪接过电话："泰瑞，你的信我收到了，我非常高兴由你代理我的公关宣传。"

真是令人难以置信，就这么简单，泰瑞成功了！对于这次成功的自我推销，泰瑞说：

"有时候，一个推销员要花上几个月甚至几年的时间才能达成一笔买卖或者找到一条路。其实交情是通过一些小事积累起来的。

"你必须着眼于长远，着眼于未来，这样你就没有做不了的事。"

在人际关系中，小事就是大事。其实人们所需要的，只是作为人应享有的那一点儿关注。推销员在不断拓宽人际关系时，切莫低估任何人的价值。也许就是日常生活中微不足道的小事，也能维持和巩固你与他人的关系，直至让他们感受到你是真的喜欢、关心他们，这样很容易就构建了你与消费者两者都受益的"双向道"。对此，泰瑞说：

"销售东西给朋友是不需要行销技巧的，好好想一想，你想约朋友出去，或者请朋友帮忙时，只要开口就行了。因此，你不需要更多的行销技巧，你只需要更多的朋友。"

关于友情，爱默生有一句话说得最恰当："一个真心的朋友胜于无数个狐朋狗党。"真的，除了自己的力量外再也没有别的力量能像真心朋友那样，帮助你得到成功了，朋友是成功的助推器。

而经营友情，并不需要刻意地去为朋友做多少惊天动地的大事，只要你能够像泰瑞那样，善于利用日常生活中的点滴小事来与他人沟通、交流，友情和交情自然而然地就建立起来了。作为"世界上最伟大的推销员"，乔·吉拉德就是一个通过做好服务中的点点滴滴来赢得更多客户的高手。

乔·吉拉德在销售和服务生涯中有一个核心的东西，那就是"服务是在销售之后"。他说："一旦新车子出了什么问题，客户找上门来要求修理。我会叮嘱有关修理部门的工作人员，要他们如果知道这辆车子是我卖的，那么就立刻通知我：我会马上赶到，设法安抚客户。

"我会告诉顾客，我一定让人把修理工作做好，一定让他对车子的每一个小地方都觉得特别满意，这也是我的工作。没有成功的维修服务，也就没有成功的推销。如果客户仍然觉得有严重问题，我的责任就是和客户站在一边，确保他的车子能够正常运行：我会帮助客户要求修理厂进行进一步的维护和修理，我会同他共同战斗，一起去对付汽车制造商。无论何时何地，我总是和我的客户站在一起，与他们同呼吸、共命运。

"当顾客把汽车送回来进行修理时，我就尽一切努力使他的汽车得到最好的维修……我得像医生那样，他的汽车出了毛病，我就要为他感到担忧。每卖一辆车，都要做到与顾客推心置腹，把情况说清楚，他们不是要故意找麻烦或惹人讨厌。"

车子卖给客户后，若客户没有任何信息反馈，乔·吉拉德就会主动和客户联系，不断地与客户接触，或者打电话给客户，开门见山地问："××先生，您以前买的车子情况如何？"或者是亲自拜访，问客户使用汽车是否舒适，并帮客户检查车况。在确定客户没有任何问题之后，他才离开，并顺便向对方示意，在保修期内该将车子仔细检查一遍，提醒在这期间送去检修是免费的。

当然，他的服务为他带来了更多的客户。

客户为他介绍许多的亲朋好友来车行买车，甚至包括他们的子女。客户的亲戚朋友想买车时，首先便会考虑到找他。卖车之后，乔·吉拉德总希望让客户买到一部好车子，而且永生不忘。

乔·吉拉德将客户当作自己的朋友，把客户的事当作自己的事。正是这种付出的精神和心态，使得客户不为他做点事都觉得惭愧，不为他介绍客户都觉得不安。

这就是朋友的力量。

在好莱坞，流行一句话："一个人能否成功，不在于What you know（你知道什么），而在于Who you know（你认识谁）。"初入社会的年轻人，不要以为自己拥有卓越的才能就能获得成功。学着从点滴小事做起去建立自己的人际关系网络吧。只有建立起了人际关系网络，你才会享受到好人缘给你带来的好处，那时你才会深刻认识到，一般人才与顶尖人才的真正区别在于好人缘，而非仅仅是才学和能力。

以诚信赢得信任

中国人特别崇尚忠诚和信义，因为诚信是为人处世的根本，而"信、智、勇"更是人自立于社会的三个条件。诚信是摆在第一位的。"言必信，行必果"是中国人与他人交往过程中的立身处世的原则。

《论语》上说："信近于义，言可复也。"一个做事做人均无信的人，是很难在社会上立足的，因为人们均不齿于那些言而无信的人。所以孔子说："言而无信，不知其可也。"

某教授学识渊博，气质儒雅，颇令一拨拨青年学子为之倾倒，真可以说是桃李满天下了。在经商潮的冲击下，他也跃跃欲试地兼任了一个什么信息与广告咨询事务所的经理。

一天，某小杂志社的主编经人介绍来到教授家，教授热情而又不失矜持地接待了他，一番寒暄过后，主编道出来意。原来，他们这个小杂志社有心搞一项文化活动，以扩大自己的影响和募集一些资金，想请他出面帮帮忙。

教授仔细询问了一番之后，如同面试学生而感到还算满意似的，微微抬起下颌频频点头："嗯，你们的想法很好，这样做就对路子了，我愿意帮助那些有作为的年轻人。"接着他又蛮有把握地许诺说："我的学生中现在有许多已经是企业和一些部门的领导了，他们一向很尊重我，也非常关心和支持我现在搞的这桩事业。我请他们给点赞助、广告什么的，估计不成问题。"

教授一次次蛮有把握的回话，使主编大喜过望，信心也立时大增，连忙动用各种关系，好话说了千千万，才有一些"德高望重"的名人答应来捧场。

就在主编等着教授许诺肯定能够拉来的赞助款到来，以便发布消息的时候，教授忽然销声匿迹了。各路菩萨都已一一拜到，杂志社不但白白劳神费力搭线，而且从此更会失信于人。

　　后来，朋友碰到老教授，提起这事，他的两颊不禁泛起了红晕，他叹着气说："唉，为拉赞助，我不知费了多少口舌，跑了多少路，好话说了几十车，把我的老脸都丢尽了！谁知那些人原来说的好好的，什么愿意给文化事业投点资呀，什么您出面我们还有什么可说的……可事到临头，该往外掏钱了，就又都变卦了！这下我可倒好，成了猪八戒照镜子——里外不是人了！"

　　可见，失信往往会使一个人陷入困境，也许有人会说，一个善意的谎言是为了解救他人和自己，是一种在困境中的解脱。但是常用这种谎言表达，会使你丧失在人群中的可信度。

　　一个人拥有比他的职位和成就更伟大的东西——诚实，这比获得财富更重要，比拥有美名更持久。

　　在19世纪中期有一个正义与诚实的代名词——"亚伯拉罕·林肯"。

　　在林肯还没有成为总统的时候，他从事过店员这个职业，一次为了把零钱还给一位夫人，摸黑跑了6英里的路，而不是等到下次再找那位夫人。正是由于这件事体现了林肯诚实的品格，从而使人性中诚实这种高贵的品质被象征地说成"亚伯拉罕·林肯"。

　　在林肯从事另一个职业——律师的时候，有一次，他在处理一桩土地纠纷案，法庭要当事人预交10000美元，那个当事人一时还筹不到这么多钱，于是，林肯说："我来替你想想办法。"

林肯去了一家银行，和经理说他要提10000美元，过两个小时就能归还。经理什么也没说，也没有要林肯填写借据，就把钱借给了他。正是因为林肯诚实的品德，使得经理才如此相信他。

还有一次，林肯得知他的当事人捏造事实、欺骗律师事务所，就拒绝为那人辩护。他对自己说："如果我去了，我就将成为一个说谎者，那是我所不能允许的。"

伊利诺伊州斯普林菲尔德的一名律师是这样评价林肯的，他说："如果没有把握为当事人打赢官司，他就不接案子。法庭、陪审团和检查官也都知道，只要亚伯拉罕·林肯出庭，他的当事人就肯定是正义的一方。我并不是站在政治立场上说这番话的，我和他属于不同的党派，但事实的确如此。"

有一次，林肯的盟友劝说他，只要能获得两个敌对代表团的选票，他就能成为内阁的候选人。但这样要林肯违背自己坚持的原则——说不真实的话，林肯拒绝了朋友这种劝说，坚决地说："我不会同人民讨价还价，也不会受制于任何势力。"

因为他追求的是正义，追求的是人格完美，林肯一次又一次地拒绝说谎的诱惑，没有在金钱的引诱下迷失方向，没有为赢得权力而放纵自己，最终成为了美国最伟大的总统之一。

讲信用，是做人的基本品德。如清朝人王永彬在《围炉夜话》所说："一个信字是立身之本，所以人不可无也。一信字是接物之要，所以终身可行也。"意思是说诚信是人不可没有的"立身之本"。一个人不讲诚信，周围的人就无法相信他，他在社会上也会受到孤立和谴责。反之，讲信用的人，历来受到社会的赞赏。也为自己赢得了信任，获得了发展的机遇。

一位名牌大学计算机专业毕业的大学生满怀信心到一家开发游戏软件的大公司应聘。他从中学时代就开始玩计算机，又经过了大学4年的深造，更是如虎添翼。他最感兴趣的就是在计算机上玩游戏。因此，当这家公司录取他时，他高兴得快合不拢嘴了。

上班的第一天，部门经理告诉他说："以后，你每天上班，最好能提前半小时到办公室。"

年轻人很惊讶地问："先生，请问这是为什么？"

经理直截了当地告诉他："打扫办公室的卫生。"

年轻人对此十分不满，也感到非常沮丧。但经理不容分辩地走开了。他无法想象像他这样的一个计算机专业的高才生居然要每天提前到办公室打扫卫生，干如此低等的活！

第二天，他提前来上班了。到了办公室后，他愤愤不平地巡视了一圈，然后坐下来，开始考虑自己在这家公司的前途。当然，他并没有打扫卫生。

片刻后，竟然进来了一位清洁工。

清洁工闷声不响地干完了活，就离去了。年轻人觉得这一切很有意思，也许这是个考验他的圈套，也许是有人忘了通知清洁工今天不用来上班了，反正这一切都显得有些古怪。

接下去的几天，他每天都提前半小时到办公室，而片刻后，清洁工总是如期而至，他始终没有动手打扫卫生。连着一星期都是如此。

一星期后，他去经理办公室汇报工作。工作汇报完毕后，他很坦率地向经理说明了这一星期的"打扫卫生"情况：

"事实上我一天的活都没有干过，因为清洁工总是准时来到办公室。如果这是一个考验我的圈套，我认为毫无必要，作为一家著名的大公司，这样的考试方法并不高明。"

年轻人鼓足勇气说出了这一番话。

经理笑了，说："这是一个误会。这里不存在着你所说的圈套。事情是这样的，你刚来上班时，负责我们办公室卫生的清洁工生病了，当时你的工作还未完全安排好，因此先让你打扫几天办公室的卫生，公司为此将会支付给你工资。这一星期，你干得很出色。"

"但我并没有干，事实是这样，先生，我很抱歉。"年轻人回答说。

"不，你之所以没有干是因为误会。这段时间你每天都提前到办公室，如果不是误会，你会干的。"

"我并不太乐意干这个，我得承认。"

经理又笑了："所有的同事都以为是你干的，包括我在内。只有那位清洁工知道，如果你不说出真相的话。小伙子，你非常诚实。"

年轻人有点迷惑地看着这位态度和蔼的经理，有些不知所措。他站起来准备告辞。

经理走到他面前，告诉他公司已准备将他调往一个比较重要的岗位去工作。

年轻人目瞪口呆，叫道："可我什么都没干啊！这么说这中间还是有一个考验的圈套，是吗，先生？这太荒唐了。"

"不，不，不，小伙子，这里没有你所谓的圈套，有的仅仅是公司管理制度的不够完善。你什么都没干，正如你所说的。但有一点你干了，而且干得很出色，那就是你的主见，还有你的诚信。打扫卫生仅仅是一个误会，但对公司来说，你的诚信，是一个意外的收获。"

这位年轻人就是美国最著名的计算机软件开发工程师之一——威廉·赫德森。

其实，诚信之所以能带给人机遇，很大程度上是因为一个人的诚信博得了他人的尊敬和信赖，这是营造良好的人际关系，使你走出困境，使自己的事业走向成功的一个关键。

李亚丽是某工厂的一名下岗职工，丈夫所在的工厂也不景气，每月只能发300元，加上她的下岗补贴，不足400元，可家里还有两个孩子上学，日子过得非常艰难。

政府为了解决下岗职工再就业的问题，在城区建了一个菜市场，鼓励下岗职工进行自食其力的劳动。

亚丽和丈夫一商量，借了400元钱，再加上家里仅有的100元钱，租了一个菜摊，准备卖菜。

夫妻俩说干就干，第二天就把摊支开了，亚丽跑上跑下，抱着批来的蔬菜，就像抱着自己的第一个儿子一样，心里喜滋滋的。

一天下来，算一算账，赚了12元多，亚丽心里甭提有多高兴了。

然而好景不长。这个位置太偏，人们购菜都不愿跑那么远，于是菜市场就慢慢地冷落了，有时候，一天连一斤菜也卖不出去，亚丽决定第二天就收摊，不再卖菜了。

第二天，快下班的时候，有一个黑黑的中年人跑到这里，买了5斤西红柿让亚丽包装好，说待会儿再来拿。可是亚丽守着摊什么也没卖，一连等了5天，这个人终于来了，亚丽赶忙喊了他，给他西红柿，可一看，西红柿全坏了。于是亚丽拿出口袋里仅有的5元钱，去外边买了5斤西红柿，交给了中年人。

中年人怔怔地看着亚丽和空空的菜摊，好像明白了什么，轻轻地问："这几天你一直在等我？"

亚丽慢慢地点了点头。

中年人略略思索，麻利地掏出笔，刷刷地在纸片上写着，递给亚丽说："我是附近工厂的伙食长，每天都到城里买菜，往后你就照这个单子每天给我厂送菜吧。"

亚丽惊喜地接过纸片。

从此，亚丽每天就按时给工厂送菜，从而摆脱了家中的困境，生活慢慢好起来。

在这个小故事中，亚丽可以说是因祸得福，而她得福的主要原因，还是归功于她的真诚，正是这样才赢得他人的感情，从而使自己走出窘境。

青年人在生活和工作中要注意不断地培养与他人之间的感情，这样才更利于自身的发展。同事关系就是其中最典型的一种，融洽的同事关系，是成功的要素之一。

人际关系的成长是人生中的一件大事。和谐的人际关系，不但有利于事业的发展，还有利于个人的健康。

要搞好人际关系，就要具备一定的素质。诚信就是其中不可缺少的一项。

小事之中见真情

友爱，不光只对朋友，把友爱善意撒向他人，随一份友谊的情缘，同样也会收获一片明媚春光，人间因此更美好，人情因此更温暖。反之，相互仇视就像为了逮一只耗子而不惜烧毁自己的房子，弄得两败俱伤。"人"字是相互支撑的结构，请让我们伸出援手，因为我们彼此都需要对方。

1995年的圣诞节前夕，16岁的比利一直忙着扮演帮圣诞老人跟小朋友合照的一个小精灵，以便凑足自己的学费。随着圣诞节的来临，圣诞天地的工作益发繁重，但经理玛丽总在适当的时候给他一个足以鼓舞士气的微笑，使他取得了最好的业绩。为了感谢经理玛丽，比利决定在圣诞夜送一份礼物给她。但下班的时候就6点了，当他冲出去时，却发觉周围几乎所有的店都关门了。但比利实在想买个小礼物送给玛丽，虽然他没有多少钱。

回去的路上，比利竟然看到史脱姆百货公司还开着门，于是他以最快的速度冲了进去，来到礼品区。等冲进去后，比利才发现自己跟这里格格不入，因为这个店是有钱人光顾的地方，其他顾客都穿得很漂亮，又有钱，在这个店里，比利怎么指望会有价钱低于15元的东西呢?

这时，一位女店员向比利走过来，亲切地询问能否帮他。此时，周围的人都转过头来看他。比利尽可能低声说："谢谢，不用了，你去帮别人吧! "女店员看着他，笑了笑，坚持道："我就是想帮你。"于是，比利只好告诉她他想买东西给谁，以及为什么买给她，最后羞怯地承认自己只有15元。而女店员呢，似乎很开心，思考了一会儿，就开始动手帮他选。然而百货公司的礼物已所剩无几了，她仔细地挑着，摆成了一个礼物篮，一共花了14元9分。当一切完成后，商店就要关门，灯已经熄了。

当时，比利站在那里迟疑了一会儿，想着回家怎样才能包装得更漂亮点。女店员似乎猜到了比利在想什么，问他："需要包装好吗？""是。"比利回答。此时，店门已经关了，一个声音在询问是否还有顾客在店里。女店员没有丝毫的犹豫，就走进后场，过一会儿她回来了，带着一个用金色缎带包裹得非常精美的篮子。比利简直不敢相信自己的眼睛，当他向女店员道谢时，她笑着说："你们小精灵在购物中心为人们散播快乐，我只是想给你一点小小的快乐而已。"

"圣诞快乐！"当他把礼物送到玛丽的面前时，她竟欢喜地哭了，比利感到很开心！

一个假期，比利脑海中不断浮现出那个女店员微笑的面容，一想到她的善良以及带给自己和玛丽的快乐，比利总想为她做点什么。能做什么呢？比利唯一能做的就是给百货公司写了一封感谢信。

比利觉得这件事就这么过去了，但一个月后，突然接到芬尼，也就是那个女店员的电话，请他吃顿午餐。当碰面时，芬尼给了比利一个拥抱、一份礼物，还讲了一个故事。

原来，因为这封信，芬尼成了史脱姆百货公司的服务之星。当宣布芬尼得奖时，芬尼很兴奋，也很迷惑，直到她上台领奖，经理朗读了比利的信时，她才恍然大悟，每个人都报以一阵热烈的掌声。

芬尼的照片被放在大厅，还得到一个14K金的别针和100元奖金。然而更棒的是，当她把这个好消息告诉父亲时，父亲定定地看着她说："芬尼，我实在为你骄傲。"芬尼激动地握着比利的手，说："你知道吗？我长这么大，父亲从来没对我说过这句话！"

那个时刻，比利一辈子都记得。它让比利了解到一个微不足道的帮助将会给他人带来多么大的改变。芬尼漂亮的篮子、玛丽的快乐、比利的信、史脱姆百货的奖励、芬尼父亲的骄傲，整件事至少改变了三个生命。当然，更重要的是通过这件小事，对比利来说，他还获得芬尼和玛丽真挚的友情。

其实，一个人要想获得别人的友情并不难，只要你能够从小事做起，用点点滴滴的真情去打动他人，相信你最终会赢得真情的回报，历史上有不少大人物都是深谙此道，以此赢得属下的爱戴，使自己顺利渡过难关。

刘邦设计逼走范增后，项羽又羞又愧，命令军士加紧攻荥阳，定要活捉刘邦，碎尸万段，方解心头之恨。

楚军里三层外三层，把荥阳城围得水泄不通。城里粮草即将用尽，破城就在旦夕之间了。凭着现有的军队，要突围而出谈何容易。刘邦急得团团转，谋士陈平束手无策。正在这时，将军纪信进来求见。

纪信的身材长得颇像刘邦。他说："大家都在这里等死，不是办法。请允许我假扮成大王，从东门引开楚军，大王乘机从西门出城，搬取救兵，以胜楚军。"

刘邦觉得纪信这样做太危险，于心不忍。纪信流着泪说："现在不这样做，城破以后，玉石俱焚，我死了又有什么作用？

我出城引敌，大王能够脱离危险，全城将士也可获救，如此死了，值得！"他见汉王还在犹豫，拔出佩剑，就要自刎。陈平赶忙拦住，说："将军如此忠义，实在令人钦佩。"又转过头劝刘邦："看来，眼下也就只有这个办法了。"

刘邦两眼垂泪，起身离座，拉着纪信的手说："将军的一片诚心，感天动地。寡人知道将军家中还有老母、妻子和年龄尚幼的子女。以后，将军的母亲，就是寡人的母亲；将军的夫人，就是寡人的弟妹；将军的子女，也由寡人替你抚育……"刘邦说着说着，已泣不成声。陈平也眼圈发红。

半夜时分，陈平召来两千名年轻妇女，一律穿上汉军戎服，装扮成汉军兵士。纪信身着汉王衣冠，乘坐覆盖着黄绢的专车，打着汉王的大旗。一切准备妥当，三声炮响，荥阳城东门大开，一行人拥着"汉王"，徐徐出城。城上的汉军齐声呐喊："我们的粮食吃光了，汉王愿意投降！"

守在城南、城北和城西的楚军纷纷围过来看热闹。他们连年作战，终于盼到了胜利的这一天。

项羽也赶到东门。他用手撩开车帘，请"汉王"出来相见。哪知，车上坐的根本不是刘邦，随行的"汉军"也全是女的。再次受到愚弄的项羽气得两眼喷火，厉声责问纪信："汉王究竟在哪里？"

纪信不慌不忙，用手朝后边指了指，说："我出东门的时候，汉王已经从西边出城了。"项羽还要再问，纪信却闭上眼睛。项羽下令："架起柴火，烧死他！"熊熊烈火里，传出纪信豪放的大笑声。

这一次，刘邦总算死里逃生，两行热泪以及几句催人泪下的话，赢得了纪信的忠心，保住了身家性命。

古语说："感人心者，莫过于情。"人们在作出某种决定时，事实上是依赖人的感情和五官的感觉来作判断的，也就是说感情可以突破难关，更能诱导反对者变成赞成者，这是潜在心理的突破点。

尼克松1952年被共和党提名为副总统候选人，竞选期间，突然传出一个谣言，《纽约邮报》登出特大新闻："秘密的尼克松基金！"开头一段说，今天揭露出有一个专为尼克松谋经济利益的"百万富翁俱乐部"，他们提供的"秘密基金"使尼克松过着和他的薪金很不相称的豪华生活。尼克松对此本不想理睬，然而，候选人的清白问题是个敏感的公共事务，它是不会轻易被人忘掉的，加上对手的有意利用，谣言越传越凶。民主党人举着大标语："给尼克松夫妇冰冷的现钱！"在波特兰，示威者全力出动，聚在一起向尼克松扔小钱，扔得那样凶，逼得他在车上低下头……不认真对待不行了，尼克松决定发表电视演说，他在电视演说中叙述了那笔经费的来源和使用情况，还宣读了会计师和律师事务所的独立证词，解释基金是完全合法的。

尼克松非常明白，不利舆论已经气势汹汹，单靠说明"这件事"的真相是远远不够的。他要公布他的全部财务状况来证明自己的清白。他从青年时期开始，说到当前，最后总结说："我现在拥有一辆用了两年的汽车、两所房子的产权、4000元人寿保险、一张当兵保险单。没有股票，没有公债。还欠着住房的3万元债务，银行的欠款4500元，人寿保险欠款500元，欠父母

3500元。"

　　"好啦，差不多就是这么多了，"尼克松说，"这是我们所有的一切，也是我们所欠的一切。这不算太多。但帕特（尼克松夫人）和我很满意，因为我们所拥有的每一角钱，都是我们自己正当挣来的。"他无疑已把广大听众争取过来了。

　　为了借此机会进一步地加深与公众的感情，赢得大多数的支持，尼克松将演说的现场设在书房，出场人物是尼克松和夫人帕特、两个女儿及一条有黑白两色斑点的小花狗，大家相拥而坐，表现出一个充满温暖的中上等幸福家庭。对听众谈话时，尼克松也不时看着妻女，"还有一件事情，或许也应该告诉你们，因为如果我不说出来，他们也要说我一些闲话。在提名（为候选人）之后，我们确实拿到一件礼物。得克萨斯州有一个人在无线电中听到帕特提到我们两个孩子很喜欢要一只小狗，不管你们信不信，就在我们这次出发做竞选旅行的前一天，从巴尔的摩市的联邦车站送来一个通知说，他们那儿有一件包裹给我们，我们就前去领取。你们知道这是什么吗？

　　"这是一只西班牙长耳小狗，用柳条篓装着，是他们从得克萨斯州一直运来的——带有黑、白两色斑点。我们6岁的小女儿特丽西娅给它起名叫'切克尔斯'。你们知道，这些小孩像所有的小孩一样，喜欢那只小狗。现在我只要说这一点，不管他们说些什么，我们就是要把它留下来！"

　　美国人爱狗是有名的，尼克松得到的唯一礼物就是一只小狗，何况那是送给6岁女儿的，为了孩子，这是他唯一要别人的东西。还有比这更富于人情味的吗？还有比这更与普通选民情感相通的吗？

　　说变就变！支持的电报和信件雪片般飞来，尼克松出色地利用舆论——以其人之道还治其人之身，抬高了自己的身价，化解了危机，赢得了民众的支持。

　　这件事充分说明了小事见真情的道理。因此，我们在为人处世的过程中，要想赢得他人的好感，就不要吝惜在小事中抛洒真情、施予爱心，相信你定能收获无数的友爱之情，无怪乎人们常说："得人心者得天下。"你的一份真情，能获得他人的一份真心的回报，即使不在今天，也将在不远的未来。

第九章

大处着眼，小处着手
——领导不仅是做大事

细枝末节体现人情味

假如你是一位统率千军万马的大元帅，你会过问每一个士卒的饥寒冷暖吗？

事实上，这是根本不可能的。

但是，你可以适时、适当地参加一些细致入微的事务性工作，这是对你有益而无害。如果你总是摆出一副官架子，遇到一些事就满脸不高兴，不屑于做或者根本不情愿去做小事，那么，你的下属或同事会对你产生成见。

在处理一些小事上，你做得效果不佳，或不完美，下属们也会轻视、讥笑你。认为像你这样连一点儿小事都不想做，或者连一点儿小事都做不成的人，又如何做得了大事情呢？你的信誉会受到危胁。

况且有一些小事，你作为领导，必须努力去做到：

例如，你的下属得了一场大病，请了半个多月的病假在家养病。今天，他恢复健康，头一天来办公室上班，难道你对他的到来能面无表情，麻木不仁，不加半句客套，没有真诚的问候话语吗？

再比如，你同科室的一位年轻人找到了一位伴侣，不久要喜结良缘，或者这位年轻人在工作上取得了突出成就，为本部门作出了杰出的贡献，难道你能不冷不热、无动于衷地不加一声祝贺称赞的话语吗？

这些小事足可以折射出领导人品质的整体风貌，大家会通过一些鸡毛蒜皮的小事去衡量你、评判你。

一个优秀的企业家，只有做到了让职工们认识到自己存在价值和具备了充足的自信之后，才有可能做到与职工们产生内心的共鸣，事业才能迅猛发展。

士光敏夫使东芝企业获得成功的秘决是"重视人的开发与活用"，时时处处为员工献上爱心。在他70多岁高龄的时候，曾走遍东芝在全国的各公司、企业，有时甚至乘火车亲临企业现场视察。有时，即使是星期天，他也要到工厂去转转，与保卫人员和值班人员亲切交谈，从而与职工建立了深厚的感情。他说："我非常喜欢和我的职工交往，无论哪种人我都喜欢与他交谈，因为从中我可以听到许多创造性的语言，使我获得极大的收益。"

例如，有一次，士光敏夫在前往东芝姬路工厂途中，正巧遇上倾盆大雨，他赶到工厂，下了车，不用雨伞，和站在雨中的职工们讲话，激励大家，并且反复地讲述人是最宝贵的道理。职工们很是感动，他们把士光敏夫围住，认真倾听着他的每一句话。炽热的语言把大家的心连到了一起，使他们忘记了自己是站在瓢泼大雨之中，激动的泪水从士光敏夫和员工们的眼里流了出来，其情其景，感人肺腑。

讲完话后，士光敏夫的身上早已湿透了。当他要乘车离去时，激动的女工们一下子把他的车围住了，他们一边敲着汽车的玻璃门，一边高声喊道："社长，保重身体，当心别感冒！你放心吧，我们一定要拼命地工作！"面对这一切，士光敏夫情不自禁地泪流满面，他被这些为了自己企业的兴旺发达而拼搏的员工们的真诚所打动，他更加想到了自己的职责，更加热爱自己的员工。

老板如果想获得成功，必须着眼于为其手下的人谋福利，而非完全替自己打算。如果他企图控制或支配员工，他迟早是会失败的。老板的成功是建立在员工成功的基础之上的。唯有真正关心员工的老板，才能使大家愿意要求进步，为公司尽心尽力。

是"情"，而不是利益使员工对其老板表现出极大的忠诚。某化妆品销售公司的一位员工由于遇到了一些个人的问题，连续两个月销售额降低了3000美元，除非第三个月她的销售额超过3万元，否则她将被公司解雇。很不幸，第三个月是7月，一个创纪录的热浪使每个人都关在家里，将近月底时，她还没卖到3万元的数目。这位员工平时是很乐观的人，在销售公司里，老板一直很喜欢她，但是迫于公司的规定，她不得不作出牺牲。

于是，这位员工最后不得不通过家里的人，冒着高温酷暑挨家挨户推销产品。老天不负有心人，月底她的销售额终于突破了3万元。

其实她所在这家公司的待遇并不是很好，她完全有可能在被解雇之后，找到一个工作环境、待遇更好的公司。但她忘不了老板的恩情，老板在她最困难的时候帮助了她，帮助她摆脱了前夫的纠缠。平日里无处不体现出一位好老板对她的关心和爱护，使她愿意为公司作出牺牲、为老板效力。由于老板的真情所致，员工对老板的忠心在关键时刻就显出来了。很多时候我们不能体会"公司的成败在于人"这一句话中的人具体指谁，究竟是员工呢，还是老板呢？很多人都会说"老板"，这就犯了一个大的错误。事实上，老板纵然有天大的本事，也不能独木撑天，只有员工才是决定公司成败的"人"。

中国人向来重视报恩，"滴水之恩当以涌泉相报"。你急他人所急，给人以恩惠，他会心存感激，终身效力，也会在你遇到危难的时候，竭尽全力帮助你渡过难关。

因此，领导在对待员工时，一定要注意这样的细节，在培养中使用，在给予中索取，而且这种给予不仅是金钱的满足，更重要的是精神上的关怀，这才是管理员工的最佳境界。

弗雷德里克·史密斯是联邦快递的董事会主席，他以前是海军的一名上校。对于下属的爱护，他的看法是："我在海军里学到的最伟大的领导原则是，在一个讲求行动效率的组织里，必须爱护部队，海军尤其强调这条原则，它高于一切领导原则。在我发展联邦快递的数年里，它对于我具有无法估量的重要性。"一句话，联邦快递的成功归因于这条简单的原则——爱护你的员工。

领导的眼光不应只是着眼于公司，而应该处处为部属着想。爱护你的员工，为你的员工谋福利，也是你的分内之事。领导要想方设法为部属的执行创造有利条件，这样站在他们的立场来为他们设想，他们自然乐于执行决策，公司的业绩也自然而然会提升。

斯塔巴斯公司的CEO舒尔茨将一个仅拥有几个店面的地方性咖啡馆发展成为全国性的巨无霸——一个拥有超过1300家店面、25000名雇员的大公司。他说："我们的首要事务是照顾我们的员工，因为是他们负责向顾客传递热情。只有把员工照顾好了，我们才能完成了第二重要的事务——照料我们的顾客。只有这两个目标都实现了，我们才能长期为我们的股东提供滚滚红利。"

道理听起来枯燥乏味，但这确是许多成功商人所遵循的原则。世界上最成功的旅馆公司创立者马里奥特，就遵循着与舒尔茨的信仰道理一样的简单原则——"我们关心员工，员工关心客人"。

或许，有人认为这样做，领导似乎过于自我牺牲了。但是，为员工着想的确是成功的秘诀。通常领导者的想法都是以自我为中心。领导以领导的立场来思考和判断事物，很少会站在部属的立场来考虑问题，员工们也同样如此。这样领导与员工都不为对方着想，两者虽然在一起工作，但集团活动无法顺利进行也就不足为怪了。因此，领导的想法必须改变，凡事要多为部属考虑，要知道，"你替他着想，他会为你卖命"。只有考虑到员工们的想法，他们才能更好地为你办事。只有你真诚地去尊重人、关心人、理解人、帮助人，你才能最大限度地调动起他们的积极性和创造性。正如一位职员曾经说过的那样："领导把我当成牛，我就把自己当成人；领导把我当成人，我就把自己当成牛。"

这都是很简单的道理，同样也是人之常情。如果你希望别人可以为你付出他们的全部，你必须有人情味，将别人当作人来看待。

要让别人觉得你富于人情味，并不是通过宣扬自我来体现，而是实实在在地通过日常生活中的细节来加以表现：

（1）给到你办公室的人沏茶。

（2）主动为女员工让路。

（3）慰问生病员工。

（4）休息时与员工聊天。

（5）到员工常去的餐馆就餐。

（6）与大家一起关注体育赛事。

（7）和员工讨论文学及音乐等话题。

（8）邀请员工家人共进晚餐。

（9）给老员工和勤奋工作的人以鼓励。

无论做什么，宗旨只有一条：把你的下属、员工当人看，给予人应受的关怀和尊重。无论你的事业取得多么骄人的业绩，也不要将自己高高挂起。这一点说得容易，在实践中大多数领导都是很难办到的。

如果领导者能在许多看似平凡的时刻，勤于在细小的事情上与下属沟通感情，经常用"毛毛细雨"去滋润员工的心灵，员工的心里会感受到无比的温暖，会全身心地投入工作中，去回报这种细致入微的关怀。

从细节入手，打造团队精神

古语云："和实生物""和则一，一则多力，多力则强"。千百年来，"和"文化深深地影响着中国这个东方大国。团队要达到"和"，就要协调各种利益，综合不同意见，化解复杂矛盾，凝聚各方力量。其中最为关键的一点就是：凝聚力。

所谓凝聚力，可以从两个方面来看。一是个体成员要把自己有机融合到团队之中；二是这个团队要在实际行动中表现出自己的团结与合作精神。这两个方面互为前提、互相制约，都是不可缺少的因素。

每年南飞北往的大雁总是结队而行，它们的队形一会儿呈"一"字，一会儿呈"人"字，一会儿又呈"V"字。许多人曾经对此迷惑不解，后来科学家发现，大雁的编队飞行能产生一种空气动力学作用，编队飞行的大雁，在耗费同样能量的情况下，要比单独飞行的时候多飞行70％的路程。也就是说，编队飞行的鸟能飞得更远。

鸟儿结伴飞行给企业团队领导者的启示应该是深刻的，一盘散沙难成大业，握紧拳头出击才有力量。任何一支团队，成员之间必须团结一致，大家心往一处想，劲往一处使，才能无往而不胜。

团队凝聚力是团队对其成员的吸引力和成员之间的相互吸引

力，它包括"向心力"和"内部团结"两层含义，当这种吸引力达到一定程度，而且团队队员资格对成员个人和对团队都具有一定价值时，我们就说这是个具有高凝聚力的团队。

团队凝聚力是维持团队存在的必要条件，如果一个团队丧失凝聚力，像一盘散沙，这个团队就难以维持下去，并呈现出低效率状态；而团队凝聚力较强的团队，其成员工作热情高，做事认真，并有不断的创新行为，因此，团队凝聚力也是实现团队目标的重要条件。

现代社会，靠单打独斗是不能获得成功的，个人的能力与智慧毕竟有限，依靠个人奋斗的个人英雄主义时代已经一去不复返了。如果仅指望领导者殚精竭虑而没有广大员工的积极参与或只是提高员工的个人能力而没有有效的团队协作，那么在竞争日益加剧的今天就不会有生命力。

要想取得今后的成功，在未来的竞争中立于不败之地，就应充分运用人力资源，特别是要尽力使团队协调默契，形成强大的团队合力。

在人类的历史上，曾经有不少杰出人士都是善于打造团队精神的高手，从而使自己所在的团队取得了辉煌的业绩，自己也赢得了巨大的成功。

在第一次世界大战中，艾迪·瑞肯巴契尔创下击落26架敌机的记录，成为美国的"空军英雄中的英雄"。有一天，他的中队长在作战中阵亡，他就继任驻法第94航空中队中队长。

作战的损失非常大。更糟的是由于飞机保养维护不良，使很多驾驶员死于非作战性的坠机。由于找不到美军飞机，这个中队与其他空军中队不一样，用的全是法国制造的飞机。驾驶员也都认为他们的装备不好，因此士气非常低落，就在这种情形下，瑞肯巴契尔继任中队长。

他后来这样描述说："首先我将驾驶员都召集起来，我告诉他们，我们驾驶的飞机和其他在前线上的中队所用的飞机相同，包括那些法国空军。我问他们，法军驾驶员的技术是不是比我们好？当他们回答说'第94航空中队拥有最优秀的驾驶员'时，我就向他们挑战，要他们和其他战斗机中队比赛。输赢的标准非常简单，只要记下击落敌机的数目即可。击落敌机最多的中队就是胜利者。

"然后我又召集所有地勤人员开了一次会。我特别强调，没有他们，驾驶员只能在地上跑。我告诉他们，现在我们这个中队要和其他战斗机中队比赛。既然他们也是竞赛中的一分子，我要求他们和其他中队的地勤人员比赛。比赛的事项是看谁的飞机故障率最低。

"从一开始，我就看出比赛的效果……当目标是要击败某些人的时候，人们会工作得更努力，即使是对自己的朋友。"

用不着再多说，第94中队在瑞肯巴契尔的领导下，就此成为战场上最好的美军战斗机中队。退役后，他运用同样的技巧创立了东方航空公司，使这家公司从一无所有变成当时最好的美国航空公司。

假若你想吸引别人的追随，别忘了利用竞赛的方式将工作变成游戏。他们会追随你，而且使你们的团队成为胜利者。

世界首富比尔·盖茨成功的最大秘诀是什么？答案是：微软

有成功的团队。

微软公司是一家由聪明人组成、管理良好的公司。盖茨很自豪能请来一群他所能找到最聪慧的人才。他在1992年曾说：微软和其他公司与众不同的特色就是智囊的深度。把他们称作螺旋桨头脑、数字头脑、齿轮转动头脑或工作狂、用脑狂，还是微软奴都可以。

盖茨多次说道："把我们顶尖的20个人才挖走，那么我告诉你，微软会变成一家无足轻重的公司。"

韦尔奇认为，微软公司就是靠这些出类拔萃的人物和比尔·盖茨合理的管理制度，在竞争中走向成功道路的。那么，怎样才能组建一个类似于微软有战斗力的团队呢？从微软和其他一些成功公司的管理者身上，韦尔奇总结的经验是：

1.明确合理的经营目标

目标是把人们凝聚在一起的重要基础，对目标的认同和共识才会形成坚强的组织和团队，才能鼓舞人们团结奋进的斗志。为此，要做好：

（1）有导向明确、科学合理的目标，有的企业提出"以质量取得顾客信赖，以满足顾客需要去占领市场，努力提高市场占有率，通过扩大市场份额去求效益和发展"。这就比那种单纯提销售额增加多少、利润增加多少的目标更明确、更具体，知道劲往哪里使。

（2）把经营目标、战略、经营观念，融入每个员工头脑之中，成为员工的共识。

（3）对目标进行分解，使每一部门、每一个人都知道自己所应承担的责任和应作出的贡献，把每一部门、每一个人的工作与企业总目标紧密结合为一体。

2.增强领导者自身的影响力

领导是组织的核心，一个富有魅力和威望的领导者，自然会把全体员工紧紧团结在自己的周围；反之，就会人心涣散，更谈不上团队精神了。

领导者由于其地位和责任而被赋予一定权力，但仅凭权力发号施令、以权压人是不能形成凝聚力的，更重要的是靠其威望、影响力令人心服，才会形成一股魅力和吸引力。这种威望，一是取决于领导者的人格、品德和思想修养；二是取决于领导者的知识、经验、胆略、才干和能力状况；三是取决于领导者是否严于律己，率先垂范，以身作则，能否全身心地投入事业；四是取决于领导者能否公平、公正待人，与员工同甘共苦、同舟共济，等等。

3.建立系统科学的管理制度

建立与人本管理相适应的一整套科学制度，使管理工作和人的行为制度化、规范化、程序化，是生产经营活动协调、有序、高效运行的重要保证。没有有效的制度和规范，就会出现无序和混乱，就不会产生井然有序、纪律严明、凝聚力很强的团队。

4.以平等为基础的深入沟通

很多著名企业都强调沟通、互相尊重，使团队内每一位成员感觉到自己在公司的重要性。这些企业的上下级并没有尊卑之别，而是大家一律平等，有问题可以越级沟通。而且有许多具体制度来保证下情上达，下面的意见不会被过滤。"以人为本"首要之处就是要有一种平等的理念，尊重每一个员工。其实大家都是平等的，只是工作的性质不一样，行使的权力不一样，不代表谁就比谁特别能干、特别地强。

如果一支军队能够攻城掠地、百战不殆，它最大的特征就应该是人和。一个优秀的企业团队同样如此，要坚信强大的凝聚力来自于相互之间的平等！

5.员工自主管理与团队配合

一个团队具有凝聚力，并不是说这个团队的所有成员都只作为团队的一员而存在，相反，他们都有足够的个人空间，都能发挥出自己的最大能力。领导者要做的就是促进团队成员之间的配合。

作为团队领导人而言，培养团队成员整体搭配的团队默契，应在给予每位成员自我发挥的空间的同时，还要破除个人英雄主义，搞好团队的整体搭配，形成协调一致的团队默契，努力使团队成员懂得彼此之间相互了解、取长补短的重要性。如果能做到这一点，团队就能凝聚出高于个人力量的团队智慧，随时都能造就出不可思议的团队表现和团队绩效。

6.建立和谐的人际关系

人是社会的人，每一个人在工作和生活中，会与许多人交际，而且一个人每天8小时甚至更多时间是在工作单位度过的，因而企业内的人际关系更为重要。同事之间友好、融洽地相处，创造一种和谐的良好的人际关系，会使人心情舒畅、精神焕发，使企业融合为一个友好、和睦的大家庭和团队。

7.树立全局观念和整体意识

一个团队、一个系统所最终追求的是整体的合力、凝聚力和最佳的整体效益，所以必须树立以大局为重的全局观念，不斤斤计较个人利益和局部利益，自觉地为增强团队整体效益作出贡献。

从细微处全面考察下属

考察是识别和衡量人才是否堪当重任的非常重要的手段和方法。我国早在汉代就确定了刺史六条，用以监督和考察百官的政绩与行为，并把它立为百代不易之良法，可见，对人才的考察由来已久。

但中国人一直比较内敛，向来都是含蓄不露，这就无形中增加了考察的难度，中国管理也自有一套适合中国人自己的察人法宝，即见微知著，从人不经意的细节中洞察他的本性。所以，中国式管理讲究识人必须从外到内去认识人的质性，也就是从外表的仪态、容貌、声音、神色、眼神、举止等求其内在的精髓。

周亚夫可谓汉景帝的股肱重臣，他在平定七国之乱的时候立下了赫赫战功，以后又官至丞相，为汉景帝献言献策，也算是忠心耿耿了。可是汉景帝在选择辅佐少主的辅政大臣的时候，还是把他抛弃了，原因何在呢？

在古代的时候，每个皇帝年老之后，皇位的继承问题就空前复杂起来，每个皇帝都会费一番心血。汉景帝就碰到了这个问题，当时太子才刚刚成年，需要辅政大臣的辅佐，汉景帝为此试探了一次周亚夫。

一天，汉景帝宴请周亚夫，给他准备了一大块肉，但是没有切开，也没给他准备筷子，周亚夫看了，很不高兴，就回头向主管筵席的官员要筷子，汉景帝笑着说："丞相，我给你这么大一块肉你还不满足吗？还要筷子，真是讲究啊。"周亚夫一听，赶紧摘下帽子，向皇帝跪下谢罪。汉景帝说，起来吧，既然丞相不习惯这样吃，那就算了，今天的宴席就到此为止了。周亚夫听了，就向皇帝告退，快步出了宫门。汉景帝目送他离开，并说，看他闷闷不乐的样子，实在不是辅佐少主的大臣啊！

所谓见微知著，汉景帝试探周亚夫的方法可以说是很巧妙，辅佐少主的大臣，一定要稳重平和、任劳任怨，不能有什么骄气，因为少主年轻气盛，万一有什么做得过分的地方，只有具有长者风范的人，才能包容这些过失，一心一意地忠诚尽责。从周亚夫的表现来看，连皇帝对他不礼貌的举动，他都不能忍受，一副很不高兴的样子，以后又怎么能包容少主的过失呢？赏赐他的肉，虽然不方便食用，但在汉景帝看来，他也应该二话不说，把它吃下去，这表现了一个臣子安守本分的品德，他要筷子的举动，在汉景帝看来就是非分的做法，到辅佐少主的时候，会不会有更多非分的要求呢？这是汉景帝不能不防的，所以汉景帝果断地放弃了周亚夫。

在任何时候，管理都是一项复杂的工程，尤其是与人打交道更不能掉以轻心，匆忙给别人下结论。也就是说，防止出现过早下结论的错误，以免影响其他环节。许多高明的管理者都是善于从细微处考察人。

芝加哥第一国民银行来了位新总经理，名叫凯奇，几天以后银行的出纳部主任伏根要求拜会这位新总经理。其实伏根并没有任何要紧的事，只是想向新的总经理表示祝贺和致敬。

这位伟大的银行家凯奇，很喜欢与人闲聊，他对账目专家伏根的造访，表现了十分的热情。后来伏根回忆说："凯奇先生与我谈话时，专门寻根究底，所谈内容相当琐碎。从我的儿童时代一直问到现在，当然谈得最多的还是有关银行经验。这使我惊奇不已。"他又说："当时我就有些莫名其妙，回到自己的办公室后，心里愈加糊涂了。"

不久以后，一纸委任状下来，伏根被任命为银行的副总经理。6年以后，凯奇成为美国总统府的内阁成员，伏根便接替了凯奇的总经理职位。

凯奇遴选出这位非常出色的副手，并非一件偶然巧合的事。他曾几度研究过伏根的为人及能力，而伏根并不知道自己被上司留心观察。而凯奇也并没有完全听取旁人对伏根的评价，也没有向伏根表明目的，只是与他交谈问他问题，聆听他的讲话，注意他外在表情，研究他的内心世界。

可以说，一个人在没有提防时所做的事和所说的话，最能反映出他平素的为人处世。

例如，大实业家威司汀有一次邀一个人到他家里，本来他是准备将一项重要的任务交给他的。闲谈良久，却发现此人"胸无成竹"，只好取消原来的计划。

对于这种策略的运用，美国一名工程师，也是一位非常著名的实业界领袖曾风趣地说，了解一个人最好的法子，便是与他一道玩网球和高尔夫球。缘由何在？可能寓意其中了。

戴维斯，一家人寿保险公司的经理，曾以善于遴选和训练职员著称。他所雇佣的职员，都是他在别家铺子里留心的人，或者是在旅途中偶然认识的人。在这些场合，与人交谈一般是不加提防的，这样正好给了他留心观察的机会，使他能对他所要遴选的人的真实面目、能力智商有较深刻的了解。合适者便聘来训练任用。

常言道，言为心声。了解下属的直接方法就是和他交谈。平时，领导要多接触下属，多与下属交谈，有意识地询问下属一些你关心和正在思考的问题，从下属的谈吐中初步判断他们的观念、才学与品性。

1.目光远大的人可以共谋大事

在询问下属"公司应该向何处发展""你有什么打算"等问题时，领导如果发现下属不满足于现状，有远大理想，有不同寻常的发展眼光，且想法也不空泛，那么，这是一个值得重用的人，可以提拔重用，成为共谋大事的搭档。

2.善于倾听的人能担大任

善于倾听别人谈话，能够抓住对方本意，领会其要旨，回答言简意赅的人能担当大任。

因为他们善解人意。善听是一种修养，它只有经过长期的锻炼才能形成；同时，这些人想必有谦逊的品德、有随和的个性、有领导和管理的天赋。一般来说，三言两语就能切中问题要害的人，往往是思维缜密、周详而又迅速果断的人。他们对事物体察入微，而且客观全面，作出的决定也实际可靠，他们是能担当大任之人。此所谓"真人不露相，露相非真人"。起用他们，公司业务扩展获得的成果定会是实实在在。

3. "胆小"心细的人比轻易许诺的人更可靠

在布置任务时，有的下属常说"我担心……""万一……"之类的话。乍看起来，这种人给人一种胆小怕事的印象。其实不然，因为他们往往思维比较严密，能够居安思危，经常考虑到可能的各种情况和结果，同时也善于自我反省，明白自己的所作所为及可能的结果，很有责任感。由于他们对工作中所遇到的困难和出现的问题有足够的重视，做起工作来，就会有条不紊越做越好。领导应当给他们加压、委以重任。

一个常轻松说"肯定是……""就这么回事""一定成""没问题"等如此之类的话的人，往往给领导一个爽快能干的印象。事实上，这种轻下断言、轻易许诺的人是靠不住的。轻易断定没有任何困难，这至少表明他工作草率、不具备发现问题的能力；轻易许诺也是缺乏承诺的诚意与能力的一种表现。

4.华而不实、言之无物的人不能使用

说话模棱两可，公式化的一问一答，善于敷衍而胸中无策的人不可重用。

华而不实者，口齿伶俐，能说会道，口若悬河，滔滔不绝，乍一接触，很容易给人留下良好印象，并当作一个知识丰富、表达力强、善交往、能拓展业务的人才看待。但是，领导者不要被外表所迷惑，须分辨他是不是华而不实的人。华而不实的人，善于说谈，谈古论今头头是道，而且能将许多时髦理论挂在嘴上，

迷惑许多辨别力差、知识不丰富的人。考察这种人，谈话要多一些具体的问题，给予具体的任务，让他找出对策，试办具体的业务。如果此人谈话、做事避实就虚，圆滑应对，说明此人是华而不实者，当副手尚可，决不能独当一面。

总之，作为企业管理者，要学会从一言一行的细节处考察人才，管理公司。在企业当中，日常做得最多的还是些细节性的小事，惊天动地的大事毕竟只是少数。因此，管理者考察人才和管理决策时，最应该注意的是员工平时在工作当中的细节问题和公司存在的普遍现象。所谓"见微知著，以小见大"即是指此而言。

总之，从生活细节上识别人，需要敏锐的眼力，发现别人不容易发现的特点，能在转眼即逝的言行中发现某个人的隐蔽特征。身为领导者，只要注意锻炼自己观察细节的能力，就不难发现每个人的奥秘。

第十章

工作无小事
——细节成就卓越

不以卑微的心做细微的事

无论你贵为君主还是身为平民，无论你是男还是女，都不要
看不起自己的工作。如果你认为自己的劳动是卑贱的，那你就犯
了一个巨大的错误。

罗马一位演说家说："所有手工劳动都是卑贱的职业。"从
此，罗马的辉煌历史就成了过眼云烟。亚里士多德也曾说过一
句让古希腊人蒙羞的话："一个城市要想管理得好，就不该让
工匠成为自由人。那些人是不可能拥有美德的。他们天生就是
奴隶。"

今天，同样有许多人认为自己所从事的工作是低人一等的。
他们身在其中，却无法认识到其价值，只是迫于生活的压力而劳

动。他们轻视自己所从事的工作，自然无法投入全部身心。他们在工作中敷衍塞责、得过且过，而将大部分心思用在如何摆脱现在的工作环境上。这样的人在任何地方都不会有所成就。

所有正当合法的工作都是值得尊敬的。只要你诚实地劳动和创造，没有人能够贬低你的价值，关键在于你如何看待自己的工作。那些只知道要求高薪，却不知道自己应承担的责任的人，无论对自己，还是对老板，都是没有价值的。

也许某些行业中的某些工作看起来并不高雅，工作环境也很差，但是，请不要无视这样一个事实：有用才是伟大的真正尺度。在许多年轻人看来，公务员、银行职员或者大公司白领才称得上是体面，其中一些人甚至愿意等待漫长的时间，目的就是去谋求一个公务员的职位。但是，同样的时间他完全可以通过自身的努力，在其他的工作中找到自己的位置，发现自己的价值。

"低就"不一定就低人一等。对于许多选择就业岗位的人们来说，首要的不是先瞄好令人羡慕的岗位，而是一开始就树立正常的就业观念。如果干什么都挑三拣四，或者以为选准一个岗位便可以一劳永逸，那么你就可能永远真正地低人一等。正如台湾的女作家杏林子所说："现代社会，昂首阔步、趾高气扬的人比比皆是，然而那些有资格骄傲却不骄傲的人才是真正高贵。"

20世纪70年代初，美国麦当劳总公司看好台湾市场。正式进军台湾之前，他们需要在当地先培训一批高级干部，于是进行公开的招考甄选。由于要求的标准颇高，许多初出茅庐的青年企业家都未能通过。

经过一再筛选，一位名叫韩定国的某公司经理脱颖而出。最后一轮面试前，麦当劳的总裁和韩定国夫妇谈了三次，并且问了他一个出人意料的问题："如果我们要你先去洗厕所，你会愿意吗？"韩定国还未及开口，一旁的韩太太便随意答道："我们家的厕所一向都是由他洗的。"总裁大喜，免去了最后的面试，当场拍板录用了韩定国。

后来韩定国才知道，麦当劳训练员工的第一堂课就是从洗厕所开始的，因为服务业的基本理论是"非以役人，乃役于人"，只有先从细微的工作开始做起，才有可能了解"以家为尊"的道理。韩定国后来所以能成为知名的企业家，就是因为一开始就能从细微小事做起，干别人不愿干的事情。

工作本身没有贵贱之分，但是对于工作的态度有高低之别。看一个人是否能做好事情，只要看他对待工作的态度。而一个人的工作态度，又与他本人的性情、才能有着密切的关系。一个人所做的工作，是他人生态度的表现；一生的职业，就是他志向的表示、理想的所在。所以，了解一个人的工作态度，在某种程度上就是了解了那个人。

那些看不起自己工作的人，往往是一些被动适应生活的人，他们不愿意奋力崛起，努力改善自己的生存环境。对于他们来说，公务员更体面，更有权威性；他们不喜欢商业和服务业，不喜欢体力劳动，自认为应该活得更加轻松，应该有一个更好的职位，工作时间更自由。他们总是固执地认为自己在某些方面更有优势，会有更广泛的前途，但事实并非如此。

克尔在一家快速消费品公司已经工作了两年，一直是不冷不热的状态，待遇不高，但能学到东西，比较锻炼人，薪水也马马虎虎过得去。但最近和一些老朋友交流过程中，他发现大家都发展得不错，好像都比自己好，这使得他开始对自己目前的状态不满意了，考虑怎么和老板提加薪或者找准机会跳槽。

终于，他找了一次单独和老板喝茶的机会，开门见山地向老板提出了加薪的要求。老板笑了笑，并没有理会。于是，他对工作再也打不起精神来，开始敷衍应付起来。一个月后，老板把他的工作移交给其他员工，大概是准备"清理门户"了。他赶紧知趣地递交了辞呈。可令他始料未及的是，接下来的几个月里，他并没有找到更好的工作，招聘单位开出的待遇甚至比原来的还差了。

由于心态的错位与失衡，克尔失去了那份还过得去的工作，而且，他的下一份工作还不如以前。

像克尔这种具有消极被动心态的人，他们只是指责和抱怨，并一味逃避。他们不思索关于工作的问题：自己的工作是什么？工作是为什么？怎样才能把工作做得更好？他们只是被动地应付工作，为了工作而工作，不在工作中投入自己全部的热情和智慧，只是机械地完成任务。这样的员工，是不可能在工作中作出好的成绩并最终拥有自己的事业的。

许多管理制度健全的公司，正在创造机会使员工成为公司的股东。因为人们发现，当员工成为企业所有者时，他们表现得更加忠诚，更具创造力，也会更加努力工作。以积极主动的心态对待你的工作、你的公司，你就会尽职尽责完成工作，并在工作中充满活力与创造性，你就会成为一个值得信赖的人、一个老板乐于雇用的人、一个可能成为老板得力助手的人。更重要的是，你终将会在事业上有所成就。

其实，每个人都应该相信天生我才必有用，懒懒散散只会给我们带来巨大的不幸。有些年轻人用自己的天赋来创造美好的事物，为社会作出了贡献；如果缩手缩脚，浪费了天生的资质。本来可以创造辉煌的人生，结果却与成功失之交臂，不能说不是一个巨大的遗憾。

因此，在职场中有一条永远不变的真理：以积极的心态对待工作，工作也会以积极的回报回馈于你。

工作不只为薪水

一些年轻人，当他们走出校园时，总对自己抱有很高的期望值，认为自己一开始工作就应该得到重用，就应该得到相当丰厚的报酬。他们在工资上喜欢相互攀比，似乎工资成了他们衡量一切的标准。但事实上，刚刚踏入社会的年轻人缺乏工作经验，是无法委以重任的，薪水自然也不可能很高，于是他们就有了许多怨言。但这样带来的后果往往很糟。

安妮大学毕业后在一家公司的财务部门任职。老板说："试用期半年，干得好，半年以后加薪。"

安妮刚到公司上班时，干劲特别足，每天干的活一点也不比老职员少，可是两个多月以后，她觉得凭借自己能够在公司独当一面，完全可以获得更高的薪水，老板应该提前给她加薪才是，而不必非要等到半年以后。

自产生这个想法以后，安妮对工作的态度来了个一百八十度的大转变，上司交给她的各项任务不再像以前那样认真、细致地完成，月末单位赶制财务报表需要加班加点时，她甚至会对同事们说："你们加班是应当的，我的任务我在白天已经完成了。"

言下之意，安妮的薪水低，没理由和那些高薪族一起加班，还半真半假地幽默道："半年后，说不定我就会与你们一道并肩作战了。"当然，这一切不会逃过老板的火眼金睛。

半年过去了，老板丝毫没有给安妮加薪的意思，她一气之下离开了那家公司。

后来同事跟她私下聊天："真遗憾，你白白地坐失了一个加薪晋升的良机。老板看你工作扎实，业务能力又强，本来想在第三个月提前给你加薪，甚至还有意在半年后提拔你为主办会计。"得知这一切的安妮心中悔恨不已，但为时已晚。

其实，像安妮这样的员工，她的失败源于她不知道这样的一个职场法则：

如果一个人工作只是为了薪水，没有远大理想，没有高尚目标，不关心薪水以外的任何东西，那么他的能力就无法提高，经验也无法增多，机会也就无法垂青于他，成功也就自然与他无缘。

因此，有一位成功企业家说过，不要为薪水而工作。工作固然是为了生计，但是比生计更可贵的，就是在工作中充分发掘自己的潜能，发挥自己的才干，做正直而纯正的事情。

这时，你会惊喜地发现：工作所给你的，要比你为它付出的更多。如果你将工作视为一种积极的学习经验，那么，每一项工作中都包含着许多个人成长的机会。

美国某著名教授有两个十分优秀的学生，聪明能干，兴趣和爱好也相近。对他们来说，找个有发展潜力的工作应该是件轻而易举的事。当时，教授有个朋友正在创办一家小型公司，委托教授为他物色一个适当的人选做助理。教授建议他这两个学生都去试试看。

两个学生分别前去应聘。第一位去应聘的名叫纳费尔。面谈结束几天后，他打电话向教授说："您的朋友太苛刻了，他居然只肯给月薪600美元，我才不去为他工作呢！现在，我已经在另一家公司上班了，月薪800美元。"

后来去的那位学生叫比克，尽管开出的薪水也是600美元，尽管他也有更多赚钱的机会，但是他欣然接受了这份工作。当他将这个决定告诉教授时，教授问他："如此低的薪水，你不觉得太吃亏了吗？"

比克说："我当然想赚更多的钱，但是我对您朋友的印象十分深刻，我觉得只要从他那里多学到一些本领，薪水稍微低一些也是值得的。从长远的眼光来看，我在那里工作将会更有前途。"

好多年过去了。纳费尔的年薪由当年的9600美元涨到区区4万美元，而最初年薪只有7200美元的比克呢，现在的固定薪水却是25万美元，外加期权和红利。

这两个人的差异到底在哪里呢？显然纳费尔是被最初的赚钱机会蒙蔽了，而比克却是基于学东西的观点来考虑自己的工作选择。

这就是一个眼光的问题，如果你只注重眼前的金钱和利益，而不是在工作中锻炼和增长自己的能力的话，那你永远也不可能像比克那样获得成功的机会。

　　古往今来，那些成功人士的一生往往是跌宕起伏，像波浪线一样，一下高一下低。命运的起伏使他们失去了很多东西，但有一样东西是不会失去的，这就是能力，是能力使他们重新跃上事业的顶峰。杰出人物所具有的创新力、决断力以及敏锐的洞察力往往是人们所钦慕的，然而，他们的这些能力是在长期的工作中锻炼的，而不是一开始就具备的。他们通过工作了解自己，发现自己，最大限度地发挥自己的潜力。

　　一个名叫尼克的普通银行职员，在受聘于一家汽车公司6个月后。试着向老板琼斯毛遂自荐，看是否有提升的机会。琼斯的答复是："从现在开始，监督断厂机器设备的安装工作就由你负责，但不一定加薪。"糟糕的是，尼克从未受过任何工程方面的训练，对图纸一窍不通。然而，他不愿意放弃这个难得的机会。因此，他发扬自己的领导特长，自己找了些专业人员安装，结果提前一个星期完成任务。最后，他得到了提升，工资也增加了10倍。

　　"我当然明白你看不懂图纸，"后来老板这样对他说，"假如你随意找个原因把这项工作推掉，我可能把你辞掉。"

　　只有在工作中主动争取机会，尽自己最大努力去发挥自己的能力，你才会比别人更多一份成功的可能。

　　"追求热爱的事业，而非一份可以挣钱的工作。"这句简单的名言，或许可以避免许多人失去对生命的热情。

钢铁大王查尔斯·施瓦布对此有非常精辟的看法，他说："如果对工作缺乏热情，只是为了薪水而工作，很可能既赚不到钱，也找不到人生的乐趣。"

为了避免这样的一种情形，我们很有必要重新认识工作的价值。

固然，我们投身于职场是为了自己而工作。但人生并不只有现在，还有更长远的未来。薪水当然重要，但那只是个短期的小问题，最重要的是要获得不断晋升的机会，为未来获得更多的收入奠定基础，更何况生存问题需要通过发展来解决。

维斯卡亚公司是美国20世纪80年代最为著名的机械制造公司之一。

艾伦和许多人的命运一样，在该公司每年一次的用人招聘会上被拒，但是艾伦并不灰心，他发誓一定要进入这家公司。

于是，他假装自己一无所长，找到公司人事部，提出为该公司无偿提供劳动力，请求公司分派给他任何工作，他都不计任何报酬来完成。公司起初觉得不可思议，但考虑到不用任何花费，也用不着操心，于是便分派他去打扫车间的废铁屑。

一年下来，艾伦勤勤恳恳地重复着这种既简单又劳累的工作。为了糊口，下班后他还得去酒吧打工。尽管他得到了老板及工人们的一致好感，但仍然没有一个人提到录用他的问题。

1990年初，公司的许多订单纷纷被退回，理由均是产品质量问题，为此公司将蒙受巨大的损失。公司董事会为了挽救颓势，紧急召开会议，寻找解决方案。当会议进行一大半还不见眉目时，艾伦闯入会议室，提出要见总经理。在会上，他就该问题出现的原因作了令人信服的解释，并且就工程技术上的问题提出了自己的看法，随后拿出了自己的产品改造设计图。

这个设计非常先进，既恰到好处地保留了原来的优点，又克服了已经出现的弊病。

总经理及董事觉得这个编外清洁工很是精明在行，便询问他的背景及现状。于是，艾伦当着高层决策者们的面，将自己的意图和盘托出。之后经董事会举手表决，艾伦当即被聘为公司负责生产技术问题的副总经理。

原来，艾伦利用清扫工到处走动的特点，细心察看了整个公司各部门的生产情况，并一一详细记录，发现了所存在的技术问题并想出了解决的办法。他花了一年时间搞设计，做了大量的统计数据，为最后一展雄姿奠定了基础。

艾伦不为薪水工作的同时，却为自己的未来创造了成功的契机。

因此，世界著名的成功大师戴尔·卡耐基告诫人们成功的秘诀之一就是：

不为金钱工作。

你如果想做一个快乐的人，切记：金钱不是万能，不是权力，它只是用来达到目的的一种工具罢了。若你不注意发展你的人格而只注意赚钱，那么，全世界银行金库里的钱还不够替你买到快乐！金钱变为你的生活目的时，怕连你的生活，甚至你的命也保不住了！

以老板的心态来工作

绝大多数人都必须在一个社会机构中奠基自己的事业生涯。只要你还是某一机构中的一员，就应当抛开任何借口，投入自己的忠诚和责任。一荣俱荣，一损俱损！将身心彻底融入公司，尽职尽责，处处为公司着想，对投资人承担风险的勇气报以钦佩，理解管理者的压力，那么任何一个老板都会视你为公司的支柱。

这种理念其实就是《这是你的船》的作者迈克尔·阿伯拉肖夫提出的一种员工心态的观念。

1997年6月，当迈克尔·阿伯拉肖夫接管"本福尔德"号的时候，船上的水兵士气消沉，很多人都讨厌待在这艘船上，甚至想赶紧退役。

但是，两年之后，这种情况彻底发生了改变。全体官兵上下一心，整个团队士气高昂。"本福尔德"号变成了美国海军的一艘王牌驱逐舰。

迈克尔·阿伯拉肖夫用什么"魔法"使得"本福尔德"号发生了这样翻天覆地的变化呢？就是一句话："这是你的船！"

迈克尔·阿伯拉肖夫对士兵说：这是你的船，所以你要对它负责，你要与这艘船共命运，你要与这艘船上的官兵共命运。所有属于你的事，你都要自己来决定，你必须对自己的行为负责。

只要你是公司的员工，你就是公司这条船的主人。你必须以主人的心态来管理照料这条船，而不是以一个"乘客"的心态来渡过人生的浩瀚大海。

当然，选择做主人还是做乘客，这两种不同心态对于你的工作带来的影响是相当大的。

彼得高中毕业之后和朋友一齐到海南打工。

彼得和朋友在码头的一个仓库给人家缝补篷布。彼得很能干，做的活儿也精细，当他看到丢弃的线头碎布也会随手拾起来，留作备用，好像这个公司是他自己开的一样。

一天夜里，暴风雨骤起，彼得从床上爬起来，拿起手电筒就冲到大雨中。朋友劝不住他，骂他是个憨蛋。

在露天仓库里，彼得察看了一个又一个货堆，加固被掀起的篷布。这时候老板正好开车过来，只见彼得已经成了一个水人儿。

当老板看到货物完好无损时，当场表示给彼得加薪。彼得说："不用了，我只是看看我缝补的篷布结不结实，再说，我就住在仓库旁，顺便看看货物只不过是举手之劳。"

老板见他如此诚实、如此有责任心，就让他到自己的另一个公司当经理。

公司刚开张，需要招聘几个文化程度高的大学毕业生当业务员。彼得的朋友跑来，说："给我弄个好差干干。"彼得深知朋友的个性，就说："你不行。"朋友说："看大门也不行吗？"彼得说："不行，因为你不会把活儿当成自己家的事干。"朋友说他："真憨，这又不是你自己的公司！"临走时，朋友说彼得没良心，不料彼得却说："只有把公司当成是自己开的公司，才能把事情干好，才算有良心。"

几年后，彼得成了一家公司的总裁，他朋友却还在码头上替人缝补篷布。这就是以老板的心态做事与以打工者的心态做事的区别。

只有以老板的心态对待公司，你才会有主人翁的责任意识，时时处处为公司着想，对你的工作就会全身心投入，尽职尽责。

　　尼斯是主管过磅称重的小职员，到这家钢铁公司工作还不到一个月，他就发现很多矿石并没有完全充分地冶炼，一些矿石中甚至还残留有未被冶炼好的铁。他想：如果继续这样下去的话，公司岂不是会有很大的损失？

　　于是，他找到了负责该项工作的工人，跟他说明了这个问题。这位工人说："如果技术有了问题，工程师一定会跟我说，现在还没有哪一位工程师跟我说明这个问题，说明现在还没有出现你说的情况。"

　　尼斯又找到了负责技术的工程师，对工程师说明了他看到的问题。工程师很自信地说："我们的技术是世界一流的，怎么可能会有这样的问题？"工程师并没有重视尼斯所说的问题，还暗自认为：一个刚刚毕业的大学生，能明白多少，不会是因为想博得别人的好感而表现自己吧？

　　但是尼斯一直认为这是个很大的问题，于是他拿着没有冶炼好的矿石找到了公司负责技术的总工程师，他说："先生，我认为这是一块没有冶炼好的矿石，您认为呢？"

　　总工程师看了一眼，说："没错，年轻人！你说得对，哪里来的矿石？"

　　尼斯说："我们公司的。"

　　"怎么会，我们公司的技术是一流的，怎么可能会有这样的问题？"总工程师很诧异。

　　"工程师也这么说，但事实确实如此。"尼斯坚持道。

"看来是出问题了。怎么没有人向我反映？"总工程师有些发火了。

总工程师立即召集负责技术的工程师来到车间，果然发现了一些冶炼并不充分的矿石。经过检查发现，原来是监测机器的某个零部件出现了问题，才导致了冶炼的不充分。

公司的总经理知道了这件事后，不但奖励了尼斯，而且还晋升尼斯为负责技术监督的工程师。总经理不无感慨地说："我们公司并不缺少工程师，但缺少的是负责任的工程师。工程师没有发现问题事小，别人提出问题还不以为事大。对于一个企业来讲，人才是重要的，但是更重要的是真正有责任感的人才。"

尼斯能获得工作之后的第一步成功，完全源于一种老板般的责任感。也就是说，他具有老板的心态，处处为公司的利益着想。

钢铁大王卡内基曾经这样说过："无论在什么地方，都不应该把自己只看成公司的一名员工，而应该把自己视为公司的主人。"

也只有以老板的心态来对待公司，才能像老板一样热爱公司、热爱你的工作。但是，如何像老板那样去热爱公司呢？有两点是相当重要的，一是以老板的心态对待工作，对工作质量精益求精；二是把自己视为公司的老板，像呵护自己的孩子那样去呵护企业。

从表面上看，企业的确是老板的，因为你没有企业的股份。事实上，企业是你和老板共有的，你总是拥有企业的"一部分"，这"一部分"给了你工作的机会，给你带来收入，给你一个展示才华的舞台。如果没有这"一部分"，你的这一切都不存在。如果你爱这"一部分"，你就不再感觉工作是一种苦役了，而是一件快乐的事情。

以老板的心态对待公司，像老板一样热爱你的工作，热爱你的公司，你就会成为一个快乐的人、负责的人、一个值得信赖的人、一个老板乐于雇用的人、一个可能成为老板得力助手的人。

亲爱的朋友，当你读到这里时，不妨问一下自己：如果你是老板，你对自己今天所做的工作完全满意吗？别人对你的看法也许并不重要，真正重要的是你对自己的看法。回顾一天的工作，扪心自问一下："我是否付出了全部精力和智慧？"

责任感就体现在细微的小事中

有人说，一滴水可以折射出整个太阳的光辉，一件小事就可以看出一个人的内心世界。所以，一个人有没有责任感，并不仅仅体现在大是大非面前，也体现在细微的小事中。事实上，一个连小事都不愿负责的人，又怎能指望他在大事面前敢于担当呢？

一位人力资源部经理说："看一个人是否有责任，不用从什么大的方面来看，就从那些细微的小事、下意识做的事情看就可以得到答案。"他的话不无道理。

一家公司正在招聘新员工，来了不少应聘的人，看起来一个个精明干练。面试的人一个个进去又一个个出来，大家看起来都是胸有成竹。面试只有一道题，就是谈谈你对责任的理解。对于这样的一个问题，很多都认为简单得不能再简单。

然而结果出人意料——所有人都没有被录取。难道这家企业成心不想招人？

"其实，我们也很遗憾，我们很欣赏各位的才华，你们对问题的分析也是层层深入，语言简洁畅达，非常令各位考官满意。但是，我们这次考试不是一道题，而是两道，遗憾的是，另外一道你们都没有回答。"经理说。

大家哗然："还有一道题？"

"对，还有一道，你们看到了躺在门边的那个笤帚了吗？有人从上面跨过去，有的甚至往旁边踢了一下，却没有一个人把它扶起来。"

"对责任的深刻理解远不如做一件负责任的小事，后者更能显现出你的责任感。"经理最后说。

看来这位经理的挑剔确实很必要，因为没有哪一位领导者会对如此没有责任意识的员工给予深深的信任。没有多少人可以面临大是大非的抉择，也没有多少人的责任感会有大是大非的考验，那么就从小事来看看你的员工吧，看看他是否真的对企业有责任感，这也是考核员工的一个重要方面。

工作就意味着责任。在这个世界上，没有不需承担责任的工作，相反，你的职位越高、权力越大，你肩负的责任就越重。不要害怕承担责任，要立下决心，你一定可以承担任何正常职业生涯中的责任，也一定可以比前人完成得更出色。

千万不要自以为是而忘记了自己的责任。对于这种人，巴顿将军的名言是："自以为了不起的人一文不值。遇到这种军官，我会马上调换他的职务。每个人都必须心甘情愿为完成任务而献身。"

世界上最愚蠢的事情就是推卸眼前的责任，认为等到以后准备好了、条件成熟了再去承担才好。在需要你承担重大责任的时候，马上就去承担它，这就是最好的准备。如果不习惯这样去做，即使等到条件成熟了以后，你也不可能承担起重大的责任，更不可能做好任何重要的事情。

每个人都肩负着责任，对工作、对家庭、对亲人、对朋友，我们都有一定的责任，正因为存在这样或那样的责任，才能对自己的行为有所约束。

寻找借口就是将应该承担的责任转嫁给社会或他人。而一旦我们有了寻找借口的习惯，那么我们的责任心也将随着借口烟消云散。没有什么不可能的事情，只要我们不把借口放在我们的面前，就能够做好一切，就能完全地尽职尽责。

小田千惠是日本索尼公司销售部的一名普通接待员，工作职责就是为往来的客户订购飞机、火车票。有一段时间，由于业务的需要，她时常会为美国一家大型企业的总裁订购往返于东京和大阪的车票。

后来，这位总裁发现了一个非常有趣的现象：他每次去大阪时，座位总是紧邻右边的窗口，返回东京时，又总是坐在靠左边窗口的位置上。这样每次在旅途中他总能在抬头间就能看到美丽的富士山。

"不会总是这么好运气吧？"这位总裁对此百思不得其解，随后便饶有兴趣地去问小田千惠。

"哦，是这样的，"小田千惠笑着解释说，"您乘车去大阪时，日本最著名的富士山在车的右边。据我的观察，外国人都很喜欢富士山的壮丽景色，而回来时富士山却在车的左侧，所以，每次我都特意为您预订了可以一览富士山的位置。"

　　听完小田千惠的这番话，那位美国总裁打内心深处产生了强烈的震撼，由衷地赞美道："谢谢，真是太谢谢你了，你真是一个很出色的雇员！"

　　小田千惠笑着回答说："谢谢您的夸奖，这完全是我职责范围内的工作。在我们公司，其他许多同事比我还要更加尽职尽责呢！"

　　美国客人在感动之余，对索尼的领导层不无感慨地说："就这样一件小事，贵公司的职员都想得如此周到细心，那么，毫无疑问，你们会对我们即将合作的庞大计划尽心竭力的。所以与你们合作我一百个放心！"

　　令小田千惠没有想到的是，因为她的尽职尽责，这位美国总裁将贸易额从原来的500万美元一下子提高至2000万美元。

　　更令小田千惠惊喜的是，不久她就由一名普通的接待员提升至接待部的主管。

　　像小田千惠这样的人在企业里无疑就是一名榜样员工。

　　因为她将责任根植于内心，让它成为了其脑海中的一种自觉意识。这样一来在日常的行为和工作中，这种责任意识才会让她表现得更加卓越。

　　因为她清楚，作为一名合格称职的好员工，就必须尽职尽责，对她的岗位和公司感到自豪，对于她的同事和上级有高度的责任义务感，对于自己表现出的能力有充分的自信。

如果你曾经为自己担当责任而感到沉重和压力重重，那么我告诉你，你还没有正确地理解责任的含义。责任意味着勇气、坚强、爱和无私。当你有勇气承担责任时，你正在给予别人爱和无私。难道你不为自己所做的一切感到骄傲吗？如果你有勇气，就把曾经放弃的责任重新捡拾起来，你不会被人嘲笑而会得到他人尊敬的。如果你有勇气，就别放弃正压在你身上的责任，如果你能再坚持一下，你就可能获得成功。

可能对于很多人来说，如果不给予一定职务或待遇上的承诺，很少有人愿意主动去承担一些工作，因为做的工作越多，意味着担负的责任越重，做得好一切都会好，做不好就招致麻烦。所以，只要做好自己的事情就可以了，其他的事情能不管就不管、能推则推。殊不知，这样长期下去，最终损失最大的还是自己。

汤姆在一次与朋友的聚会中神情激愤地对朋友抱怨老板长期以来不肯给自己机会。他说："我已经在公司的底层挣扎了15年了，仍时刻面临着失业的危险。15年，我从一个朝气蓬勃的青年人熬成了中年人，难道我对公司还不够忠诚吗？为什么他就是不肯给我机会呢？"

"那你为什么不自己去争取呢？"朋友疑惑不解地问。

"我当然争取过，但是争取来的不是我想要的机会，那只会使我的生活和工作变得更加糟糕。"他依旧愤愤不平。

"能对我讲一下那是什么吗？"

"当然可以！前些日子，公司派我去海外营业部，但是像我这样的年纪、这种体质，怎能经受如此的折腾呢。"

"这难道不是你梦寐以求的机会吗？你怎么会认为这是一种折腾呢？"

"难道你没看出来？"汤姆大叫起来，"公司本部有那么多的职位，为什么要派我去那么遥远的地方，远离故乡、亲人、朋友？那可是我生活的重心呀！再说我的身体也不允许呀！我有心脏病，这一点公司所有的人都知道。怎么可以派一个有心脏病的人去做那种'开荒牛'的工作呢，又脏又累，任务繁重而没有前途……"他仍旧絮絮叨叨地罗列着他根本不能去海外营业部的种种理由！

这次他的朋友沉默了，因为他终于明白为什么15年来汤姆仍没有获得他想要的机会。并且也由此断定，在以后的工作中，汤姆仍然无法获得他想要的机会，也许终其一生，他也只能等待。

借口的根源在于缺乏责任心，找借口只会使你与成功失之交臂。

负责任、尽义务是成熟的标志。几乎每个人做错了事都会寻找借口。负责任的人是成熟的人，他们对自己的言行负责，他们把握自己的行为，做自我的主宰。

其实，只有具备高度责任感的人，从不把该负的责任推诿给别人，才会被你周围的人包括你的老板所赏识。

第十一章

做人做事，重视细节
——细节是关键

要事总是第一

因为人们要做的事情很多，而时间又极为有限，所以一定要分清事情的轻重缓急。在此，要坚持的原则就是：重要的事情先做。

曾有一位杰出的时间管理专家做了这么一个试验：

这位专家拿出了一个1加仑的阔口瓶放在桌上。随后，他取出一堆拳头大小的石块，把它们一块块地放进瓶子里，直到石块高出瓶口再也放不下为止。

他问："瓶子满了吗？"

所有的学生应道："满了。"

他反问："真的？"说着他从桌下取出一桶砾石，倒了一些进去，并敲击玻璃壁使砾石填满石块间的间隙。

"现在瓶子满了吗？"

这一次学生有些明白了，"可能还没有。"一位学生低声应道。

"很好！"

这时，他伸手从桌下又拿出一桶沙子，把它慢慢倒进玻璃瓶。沙子填满了石块的所有间隙。他又一次问学生："瓶子真的满了吗？"

"没满！"学生们大声说。

然后专家拿过一壶水倒进玻璃瓶，直到水面与瓶口齐平。他望着学生："这个例子说明了什么？"

一个学生举手发言："它告诉我们：无论你的时间表多么紧凑，如果你真的再加把劲，你还可以干更多的事！"

"不，那还不是它真正的寓意所在。"专家说，"这个例子告诉我们，如果你不先把大石块放进瓶子里，那么你就再也无法把它们放进去了。"

其实，"大石块"就是一种形象的说法，它喻指的就是我们人生和工作中的重要之事。只有明智地选择先将"大石块"解决掉，那将利于你高效地工作和做事。

对待日常工作，一定要注意区分轻、重、缓、急，集中力量在重要的事情上，而不是每天完成一大堆既不重要又不紧急的事情以自慰。员工里尔就曾为此付出代价。

这天，老板让里尔准备好明天与某公司董事长会谈的资料，并拟写一份会谈提纲。然而接下来的时间里，里尔却忙于完成另外的几件事：寄出几封信，发出几份传真，接待一个没有预约的会谈，打几个无关紧要的电话，给老板的一位朋友买了束鲜花，为他贺喜。终于把一切安排妥当，此时已经到了下班的时间，晚点走吧，又三番两次被一个个无关紧要的电话打扰，于是他决定回家加班。吃过饭，他又忍不住要看一场球赛，看完后已是晚上11点，于是提笔拟写提纲。结果，匆促准备，难免出错。在会谈的过程中，幸好老板经验丰富，这场会谈倒进行得还顺利。但事后，里尔受到了严厉的批评。

事实也是如此，在你往前奔跑时，你不可以对路边的蚂蚁、水边的青蛙太在意，当然毒蛇拦路除外。但如果要先搬掉所有的障碍才行动，那就什么也做不成。一个人如果想把所有事都做好，他就不会把最重要的事做好。

伯利恒钢铁公司总裁理查斯·舒瓦普，为自己和公司效率低而十分忧虑，就去找效率专家艾维·李寻求帮助，希望李能卖给他一套思维，告诉他如何在短时间里完成更多的工作。

艾维·李说："好！我10分钟就可以教你一套至少提高效率50%的方法。"

"把你明天必须要做的最重要的工作记下来，按重要程度编上号码。最重要的排在首位，依次类推。早上一上班，马上从第一项工作做起，一直做到完成为止。然后用同样的方法对待第二项工作、第三项工作……直到你下班为止。即使你花了一整天的时间才完成了第一项工作，也没关系。只要它是最重要的工作，就坚持做下去。每一天都要这样做。你对这种方法的价值深信不疑之后，叫你公司的人也这样做。

"这套方法你愿意试多久就试多久，然后给我寄张支票，你认为值多少就给我多少。"

舒瓦普认为这个思维很有用，不久就填了一张25000美元的支票给艾维·李。舒瓦普后来坚持使用艾维·李教给他的那套方法，5年后，伯利恒钢铁公司从一个不为人知的小钢铁厂一跃成为最大的不需要外援的钢铁生产企业。舒瓦普常对朋友说："要事第一，与各种所谓高深复杂的办法相比，是我学到的最简单最得益的一种，我和整个班子坚持拣最重要的事情先做。我认为这是我的公司多年来最有价值的一笔投资！"

艾维·李的方法告诉我们，做任何事情都要有计划性，要分清轻重缓急，然后全力以赴地行动，这样才能获得成功。

有句话说得好，一个人一生中只能做一件事。排除极个别天才人物，绝大多数成功者都是致力于一件事情，数十年如一日地做，做好了，追求更好。因为万事艰难，而人的能力与时间又极为有限，贪多往往一事无成。所以，最好是把重要的事情放在前面做，一次做好一件事情。

某家医药公司的总经理在刚上任的头几年，他就将全部精力都集中在研究工作上，考虑发展方向，制订研究计划，搜罗研究人才。这家公司原先从来不曾在研究领域占有过优势，就是跟在别人后面也常常感到非常吃力。这位总经理虽然不是一位科学家，但他明确地意识到公司决不能再花5年时间去做别人5年前就已经在做的事了。公司必须有自己的发展方向，要开发自己的产品。就这样，他花了5年时间，终于在两个重要领域使公司处于世界领先的地位。

如果一个人想要集中精力于当急的要务，就得排除次要事务的牵绊，此时需要有说"不"的勇气。

特别是在职场中，学会说"不"是办公室政治中的重要策略。这关系到你是否做得顺心如意。然而有些人几乎到了鞠躬尽瘁的地步。主管交给他的任务，他从来不打马虎眼；要求他额外超时加班，他也毫无怨言；同事拜托他的事，不管是不是他分内的职责，他总是不忍拒绝。其实，他早已忙得分身乏术，焦头烂额，但他还是强打精神说："没事！没事！"没有人知道他累得半死，但是，他就是不愿开口对人说"不！"

大多数时候，我们碍于情面而不敢说"不"，或者因为不好意思说"不"，结果很多原本明明不该是自己的事，统统落在自己头上。要不就是所做的事大大超过自己的能力负荷，让自己面临崩溃的边缘。而自己的重要之事却被迫拖延，久之，也会给上司留下不好的印象，因为任何一位老板都不会欣赏只喜欢帮人做琐事、而不注重做事要领的"老好人"。

柯维先生在书中举过一个例子：

他在一所规模很大的大学任师生关系部主任时，曾聘用一位极有才华又独立自主的撰稿员。有一天，柯维有件急事想拜托他。

他说："我做什么都可以，不过请先了解目前的状况。"

他指着墙壁上的工作计划表，显示超过20个计划正在进行，这都是我俩早已谈妥的。

然后他说："这件事急事至少占去几天时间，你希望我放下或取消哪个计划来空出时间？"

他的工作效率一流，这也是为什么一有急事柯维会找上他。但柯维无法要求他放下手边的工作，因为比较起来，正在进行的计划更为重要，柯维只有另请高明了。

要事第一的习惯如此重要，如果你要自己成为工作中的高效能人士，那就要切记：

只有养成做要事的习惯，对最具价值的工作投入充分的时间，工作中的重要的事才不会被无限期地拖延。这样，工作对你来说就不会是一场无止境、永远也赢不了的赛跑，而是可以带来丰厚收益的活动。

在任何时候要留有余地

与人相处要记得时刻给别人留有余地，只有不把事做绝，不把话说死，于情不偏激，于理不过头，才能在与人相处时游刃有余。很多年轻人眼中揉不进一点沙子，发现别人的错误，不管什么场合、什么时机，非狠狠地给予批评和抨击才觉得心安。殊不知，自己的批评已经把对方逼入绝境了，更不知对方已经讨厌自己了。说话办事都要顾及别人的感受，都要给别人留一点回旋的余地。在与别人方便的同时，也给了自己成功的可能。

在克劳利任纽约中央铁路局的总经理期间，一次差点就出了大事故。有两个工程师，他们都在铁路上服务了很长时间，但就是这样的两个人犯下了大错：由于他们的疏忽，差不多使两列火车迎头撞上。这么严重的事是完全无可推诿的，上司命克劳利解雇这两名员工。但是克劳利却持反对意见。

"像这样的情况，应当给予相当的考虑。"他反对说，"确实，他们的这种行为是不可宽恕的，是理应受到严厉惩罚的。你可以对他们进行严厉的处罚和教训，但是不可剥夺他们的位置，夺去他们惟一可以为生的职业。总的看来，这些年，他们不知创造了多少好成绩，为铁路事业的发展立下了多少汗马功劳。仅仅由于他们这次的疏忽，就要全盘否定他们以前的功绩，这样未免太不公平。你可以惩治他们，但是不可以开除他们。如果你一定要开除他们，那么，就连我也开除吧。"

结果克劳利取得了胜利，两名工程师被留了下来，一直都在那里，后来他们都成了忠诚而效率极高的员工。

克劳利给下属留下了余地，同时也给了自己事业更好的发展之路。反之，如果你逞一时之快断尽别人的退路，那么当危机来临之时，没有一扇门会为你打开。

有只狐狸与毛驴是非常要好的朋友。狐狸在生病时，毛驴到处找食物给狐狸吃，狐狸在毛驴的精心照顾下，身体很快就康复了。为此，狐狸很感激毛驴，并发誓说："毛驴大哥，我以后一定会好好报答你。"

毛驴相信了狐狸的话，把狐狸当成了自己最真挚的朋友。毛驴只要找到好吃的，就留一半给狐狸，还真心诚意地对狐狸说："兄弟，只要我们俩团结一致，互相帮助，就没有战胜不了的困难，也不用再惧怕森林中的狮子了。"

"是的，是的，只要我们俩联手，狮子也会怕我们三分。"

狐狸边啃着毛驴送来的食物边说。

一天，狐狸和毛驴结伴到森林里寻找食物。在路上它们碰到了狮子。

狐狸发现危机当前，便对狮子说，只要狮子答应不伤害自己，它就帮助狮子捉到毛驴，狮子同意了。

毛驴听后，生气地对狐狸说："现在大敌当前，我们只要精诚团结，肯定能战胜狮子，可你怎么能出卖我呢？"

"老哥，我这是与狮子斗智呢！我刚才是骗它的。你看，那边有个大坑，你跳进去躲起来，狮子交给我来对付就行了。"狐狸故意压低声音对毛驴说。

"谢谢，好兄弟。"毛驴感动得掉下了眼泪，毫不犹豫地跳进了那个深坑里。

"尊敬的狮王，我已把那该死的蠢毛驴骗进了深坑里，现在你可以放了我，去吃你的美餐吧。"狐狸向狮子谄媚道。

"呸，毛驴已逃不掉了，早晚会成为我的盘中之餐，现在，我要吃的是你！"说完，狮子猛扑上去，咬死了狐狸。

没有人可以永远一帆风顺，也没有人可以保证自己在生活中永远高枕无忧。就像那只狐狸，平日里再风光、再得意，有一天也会面临失败的危机。当你面临危机时，会有朋友扶你一把吗？你的同事会热心地伸出援助之手，还是冷漠地袖手旁观呢？这一切，都取决你平日里的所作所为。若是你为别人留余地，那么这时你就会发现，有很多双手拉你出泥沼。而如果你总是切断别人的退路，总把别人逼入绝境，还有谁会帮你呢？

人人都爱面子，可是我们不能只爱自己的面子，而不给他人面子。每个人都有一道最后的心理防线，一旦我们不给他人退路，不让他人走下台阶，他只好使出最后的一招——自卫。因此，当我们遇事待人时，应谨记一条原则：给别人留点余地。

一句或两句体谅的话，对他人宽容一点，这些都可以减少对别人的伤害，保全他的面子，给他留点余地。

多年以前，通用电气公司面临一项需要慎重处理的工作：免除查尔斯·史坦恩梅兹某一部门的主管之职。史坦恩梅兹在电器方面是第一等的天才，担任计算部门主管却彻底失败。然而公司不敢冒犯他。公司绝对解雇不了他——而他又十分敏感。于是他们让他担任"通用电气公司顾问工程师"——工作还是和以前一样，只是换了一个头衔——并让其他人担任部门主管。

史坦恩梅兹十分高兴。通用公司的高级职员也很高兴。他们已平稳地调动了他们这位最暴躁的大牌职员，而且他们这样做并没有引起一场大风暴——因为他们让他保全了尊严。

让他人保全尊严，这是十分重要的，而我们却很少有人想到这一点！我们在其他人面前批评员工、找差错、发出威胁，甚至不去考虑是否伤害到别人的自尊。然而，一两分钟的思考、一两句体谅的话，对他人的态度作宽容的了解，都可以减少对别人的伤害。

下一次，当我们必须解雇员工或惩戒他人的时候，不要忘了这一点。

一位审定合格的会计师马歇·葛伦杰说："解聘别人并不有趣，被人解雇更是没趣。我们的业务具有季节性，所以，在所得税申报热潮过了之后，我们得让许多人走路。我们这一行有句笑话：没有人喜欢挥动斧头。因此，大家变得麻木不仁，只希望事情赶快过去。通常，例行谈话是这样的：'请坐，史密斯先生。旺季已经过去了，我们已没什么工作可以给你做。当然，你也清楚我们只是在旺季的时候雇用你，因此……'

"这种谈话会让当事人失望，而且有一种损及尊严的感觉。所以，除非不得已，我绝不轻言解雇他人，而且会委婉地告诉他：'史密斯先生，你的工作做得很好（如果他是做得很好）。上次我们要你去纽瓦克，那工作很麻烦，而你处理得很好，一点也没有出差错，我们要你知道，公司以你为荣，也相信你的能力，愿意永远支持你，希望你别忘了这些。'结果如何？被遣散的人觉得好过多了，至少不觉得'损及尊严'。他们知道，假如我们有工作的话，还是会继续留他们做的，或是等我们又需要他们的时候，他们还是很乐意回来。"

其实，在生活中人人都可能做出尴尬的事情，生活中也随时可能碰到尴尬的事情。处于尴尬境地的人一定会觉得颜面尽失，在这个时候如果你能为他找一个台阶下，不但能立刻博取对方的好感，而且会建立良好的社交形象。追求成功的人要学会如何处理这类事情。

要给出错的人面子和"台阶"，因为此时他的自尊心和虚荣心都特别强烈，如果你能帮他保住自尊心，维护他的尊严，他会对你产生非同一般的好感。而你的这种举手之劳，也许会对你以后的事业产生重要的影响。

良好的人际关系是一个人立足于社会的重要资本，更是一个人取得成功不可或缺的重要因素，而这需要尊重他人、包容他人，因为只有这样才能得到他人的理解与尊重。试想，如果连周围接触的人都适应不了，又如何能够受人爱戴与尊重？又如何能够获取别人的帮助与支持？又如何能够实现竞争与合作，并获得成功的人生呢？

指出他人过错时一定要讲究方法

如果你率直地指出某一个人不对，不论你是有意亦或是无意的，这一细节将给对方造成很大的损害。你指责别人剥夺了他人的自尊，致使自己成为不受欢迎的人。

卡耐基在年轻时，总喜欢给别人留下深刻印象，所以写了一封可笑的信给当时刚出现在美国文坛上、颇引人注意的理查使·哈丁·戴维斯。那时，卡耐基正好帮一家杂志撰文介绍作家，便写信给戴维斯，请他谈谈他的工作方式。在这之前，卡耐基收到一个人的来信，信后附注："此信乃口授，并未过目。"这话留给他极深的印象，显示此人忙碌又具重要性。于是，卡耐基在给戴维斯的信后也加了这么一个附注："此信乃口授，并未过目。"实际上，他当时一点也不忙，只是想给戴维斯留下深刻的印象。

戴维斯根本不劳心费力地写信给卡耐基，只把卡耐基寄给他的信退回来，并在信后潦草地写了一行字："你表现出恶劣的风格。"身为一个自负的人，卡耐基觉得很恼怒，甚至10年后卡耐基获悉戴维斯过世的消息时，第一个念头仍然是——实在羞于承认——自己受到过他的伤害。

的确，卡耐基弄巧成拙了，受到指责并没有错，但是戴维斯过于直白的指责，使二人产生了隔阂，令卡耐基在戴维斯去世后仍然对他的指责耿耿于怀。以后，假如你想引起一场令人终身难忘的怨恨，只要发表一点刻薄的批评即可。

用间接的方式建议，而不是直接下命令，不但能维护对方的自尊，而且能使他乐于改正错误，并与你合作。

一次，社交界的名人戴尔夫人讲述了这样一件事：

"最近，我请了少数几个朋友吃午饭，这种场合对我来说很重要。当然，我希望宾主尽欢。总招待艾米，一向是我的得力助手，但这一次却让我失望。午宴很失败，到处看不到艾米，他只派个侍者来招待我们。这位侍者对第一流的服务一点概念也没有。每次上菜，他都是最后才端给我的主客。有一次，他竟在很大的盘子里上了一道极小的芹菜，肉没有炖烂，马铃薯油腻腻的，糟透了。我简直气死了，我尽力从头到尾强颜欢笑，但不断对自己说：等我见到艾米再说吧，我一定要好好给他一点颜色看看。

"这顿午餐是在星期三。第二天晚上，听了为人处世的一课，我才发觉：即使我教训了艾米一顿也无济于事。他会变得不高兴，跟我作对，反而会使我失去他的帮助。

"我开始试着从艾米的立场来看这件事：菜不是他买的，也不是他烧的，他的一些手下太笨，他也没有法子。也许我的要求太严厉，火气太大。所以我不但不准备苛责他，反而决定以一种友善的方式作开场白，以夸奖来开导他。这个方法效验如神。第三天，我见到了艾米，他带着防卫的神色，严阵以待准备辩解。我说：'听我说，艾米，我要你知道，当我宴客的时候，你若能在场，那对我有多重要！你是纽约最好的招待。当然，我很谅解：菜不是你买的，也不是你烧的。星期三发生的事你也没有办法控制。'我说完这些，艾米的神情松弛了。

"艾米微笑着说：'的确，夫人，问题出在厨房，不是我的错。'我继续说道：'艾米，我又安排了其他的宴会，我需要你的建议。你认为我们是否可以再给厨房一次机会呢？'

"艾米说：'呵，当然，夫人。当然，上次的情形不会再发生了！'

"下一个星期，我再度邀人午宴。艾米和我一起计划菜单，他主动提出把服务费减收一半。

"当我和宾客到达的时候，餐桌上被两打美国玫瑰装扮得多彩多姿，艾米亲自在场照应。即使我款待玛莉皇后，服务也不能比那次更周到。食物精美滚热，服务完美无缺，饭菜由四位侍者端上来，而不是一位，最后，艾米亲自端上可口的甜美点心作为结束。散席的时候，我的主客问我：'你对招待施了什么法术？我从来没见过这么周到的服务。'

"她说对了，我对艾米施行了友善和诚意的法术。"

当我们犯错误时，我们会对自己承认，如果别人以温和的方法来处理，我们也会对他们认错，甚至觉得爽直坦白是很光荣的；但如果别人当众指责我们的过错，就会把事情扩大，而且会伤及彼此的感情。还不如像戴尔夫人这样处理事情呢！这样对方会因为你维护了他的自尊而对你心存感激，同时你也是在鼓励他改正错误。这也是一种间接处理问题的方式，给对方一个缓冲余地。

波士顿是一家工程公司的安全协调员，他的职责之一是监督在工地工作的员工戴上安全帽。他一碰到没有戴安全帽的人，就官腔官调地批评他们没有遵守公司的规定。员工虽然接受了他的训导，却满肚子的不高兴，常常在他离开以后，又把安全帽拿了下来。

于是，他决定停止批评，开始从细节上考虑如何说服员工。当他发现有人不戴安全帽的时候，就问他们是不是戴起来不舒服，或者有什么不适合的地方。然后他以令人愉快的声调提醒他们，戴安全帽的目的是保护他们不受伤害，建议他们工作的时候一定要戴安全帽。结果遵守规定戴安全帽的人愈来愈多，而且没有造成怨恨或情绪上的不满。

在不指责对方的错误，也不伤害他的自尊心而进行说服时，有一个不可忽视的技巧就是在应该批评对方的时候采取"沉默态度"。例如，孩子考试成绩不理想，担心父母会责骂，当孩子把试卷拿给父母看时，做父母的不要责骂他，只要默默地接过来。这样，本来做好了挨骂的心理准备的孩子会产生自己努力用功的念头，在以后的考试中取得好成绩。

一位高中棒球队的教练曾经讲过一个与此很相似的例子：有一次，一个选手未经教练许可，擅自离队去看电影。后来，事情被发现了，他想这次一定会受到教练的严厉斥责，结果教练一句话也没说。从此以后那个选手再也没有逃过训练。当教练在选手们的聚会上见到了已经步入社会的他时，他说，"那时，虽然教练没有批评我，但那比批评还令我难受。"

像这样不指责对方的失败和错误而采取沉默的态度，也是一种极具效果的说服术。这样就等于是给对方提供了扪心自问、冷静反思的机会。这也是一种间接提醒的方式。

一家著名的电机制造厂召开管理员会议，会议的主题是"关于人才培训的问题"。会议一开始，瑞恩斯董事就用他那特有的声音提出自己的意见："我们公司根本没有发挥人才培训的作用，整个培训体系形同虚设，虽然现在有新进职员的职前训练，之后的在职进修却成效不彰。职员们只能靠自己的摸索来熟悉自己的工作，很难与当今经济发展的水平相适应，因而造成公司职员素质普遍低下、效率不高。所以我建议应该成立一个让职员进修的训练机构，不知大家看法如何？"

总经理说："你所说的问题的确存在，但说到要成立一个专门负责培训职员的机构，我们不是已经有职员训练组织了吗？据我了解，它也发挥了一定的作用，我认为这一点可以不用担心……"

瑞恩斯说："诚如总经理所说，我们公司已经有职员训练组织，但它是否发挥实际作用了呢？实际上，职员根本无法从中得到任何指导，只能跟着一些老职员学习那些已经过时的东西，这怎么能够将职员的业务水平迅速提升呢？而且我观察到许多职员往往越做越没有信心。"

总经理说："瑞恩斯，你一定要和我唱反调吗？好，我们暂时不谈这个话题，会议结束后，我们再作一番调查。"

就这样，一个月后公司主管们重新召开关于人才培训的会议。这次总经理首先发言：

"首先我要向瑞恩斯道歉，上次我错怪了他。他的提案中所陈述的问题确实存在。这个月我对公司的职员培训进行了抽样调查，结果发现它竟然未能发挥应有的功效。因此，今天召集大家开会是想讨论一下应该如何改变目前人才培训的方法。请大家尽量发表意见吧！"

总经理的话一出口，大家就开始七嘴八舌地提出建议，但令人奇怪的是，这一次瑞恩斯董事却一语不发地坐在原位，安静地听着大家的建议，直到最后他都没说一句话。

会议结束以后，总经理把瑞恩斯董事叫进办公室晤谈："今天你怎么啦？为什么一句话也不说？这个建议不是你上次开会时提出来的吗？"

"没错，是我先提出来的。不过上次开会我把该说的都说了，其实那无非是想引起总经理你对这个问题的重视罢了，现在目的已经达到，我又何必再说一次呢？还不如多听听人家的建议。"

"是吗？不错，在此之前我反对过你的提议，你却连一句辩解也没有。今天大家提出的各种建议都显得很空洞，没有实际的意义，反倒是你的沉默让我感到这个问题带来的压力。这样吧，这件事就交给你去办好了！从今天起由你全权负责公司的人才培训工作。请好好工作吧！"

"是的，非常感谢您对我的信任，我一定会努力把这件事做好！"

看了上面这个例子，你有何感想？这是个典型的沉默说服法成功的事例。如果你真能适时地利用沉默，有时发挥的作用反而要比雄辩来得快。不过话说回来，沉默只能算是一种辅助法，是一种间接提醒的方法。

另外，能以一种幽默的方式责备对方，这是最好不过的了。在玩笑中提醒对方，也在玩笑中告诉了对方自己不在意。

总之，在工作和生活中如果觉察他人有过错，如果你要说服他，就应该采取适当的方式并且善意地、真诚婉转地指出这才是最有效的批评方式。

记住：指责和愤怒与事无补，只会把事情弄得更糟。

遇事要多考虑3分钟

发明家爱迪生谈自己的做事原则时说："有许多我自以为是的事，一经实地试验之后，往往就会发现错误百出。因此，我对于任何事情，都不敢过早地妄下决定，而是经过仔细权衡斟酌后才去做。"

古人说："三思而后行。"只有事前经过反复思考和斟酌，才能增加成功的概率。养成这样一种工作习惯，处理事情才会更有把握。

一个人在工作中如果遇到事情不假考虑就去做，很容易给人留下一种鲁莽的感觉；而如果他能在遇事时多考虑，不但会给人留下成熟稳重的印象，而且有利于任务的完成。

所以，你在以后的工作中，遇事时一定要深思熟虑。尤其是在做要紧的事情且没有把握的时候，成败常常取决于你是否谨慎地思考和权衡过。

小李是某个报社的记者，他有一次奉上司之命去采访一个事件。本来这次采访工作有相当的困难，当上司问他有没有问题时，小李却不假思索地拍着胸脯回答说："没问题！"

过了三天，小李没有任何动静。上司追问他进展如何，他才老实地说："不如想象的那么简单！"当时上司虽然没说什么，对他已形成了做事草率的印象，并且开始对他有些反感。由于他工作的延误，导致整个部门的工作都无法正常完成。后来，上司再也不派他做重要的工作了。

这就是做事欠缺思考的结果，如果小李当初仔细分析一下困难在哪儿，提出比较好的采访方案，即使晚几天，上司也会理解。可他没有那么做，轻率地答应下来，才落得工作没做好反而被冷落的下场。

当你遇到问题，一时难以决定怎么做时，不要盲目行动，而应仔细地考虑一番。等到你对那个问题完全了解，对于解决方法也有了充分的把握之后，那你就不妨作决定，因为这时你已经无所顾忌了。

决定做事的成败，往往取决于对实际情况的掌握程度，千万不要在事实还不允许作决定之前便草率行事。在许多时候，遇事多考虑考虑，就能避免出现一些意想不到的差错。

曾国藩带湘军镇压太平天国之时，清廷对其有一种极为复杂的态度：不用这个人吧，太平天国声势浩大，无人能敌；用吧，一则是汉人手握重兵，二则曾国藩的湘军是其一手建立的子弟兵，怕对自己形成威胁。在这种指导思想作用下，对曾国藩的任用上经常是用你办事，不给高位实权。苦恼的曾国藩急需朝中重臣为自己撑腰说话，以消除清廷的疑虑。

忽一日，曾国藩在军中得到胡林翼转来的肃顺的密函，得知这位精明干练的顾命大臣在慈禧太后面前荐自己出任两江总督。曾国藩大喜过望，咸丰帝刚去世，太子年幼，顾命大臣虽说有数人，但实际上是肃顺独揽权柄，有他为自己说话，再好不过了。

曾国藩提笔想给肃顺写封信表示感谢。但写了几句，他就停下了。他知道肃顺为人刚愎自用，很有些目空一切的味道，用今天的话来说，就是有才气也有脾气。他又想起慈禧太后，这个女人现在虽没有什么动静，但绝非常人。以曾国藩多年的阅人经验来看，慈禧太后心志极高，且权力欲强，又极富心机。肃顺这种专权的做法能持续多久呢？慈禧太后会同肃顺合得来吗？

思前想后，曾国藩没有写这封信。

后来，肃顺被慈禧太后抄家问斩。在众多官员讨好肃顺的信件中，独无曾国藩的只言片语。

"三思而后行"救了曾国藩一条命。

世上的事情都有一个恰到好处的分寸。有一分谨慎就有一分收获，有一分疏忽就有一分丢失。十分谨慎就完全成功，完全疏忽就会彻底失败。办事只在讲究一个谨慎用心。

许多人在办事时，开始比较谨慎，过不了多久，就松懈下来了；有的人对大事、难事比较谨慎，对小事、容易事就疏忽。生活中不是常常有因忽略小事而酿成大祸的惨痛教训吗？到了困难的事情面前一筹莫展，还不是在容易事前疏忽大意而造成的吗？如果不想失败，就要十分谨慎。

英国一家公司的市场部经理亨利，在一次做生意赔了一大笔钱后，若不是经过深思熟虑，几乎就铸成大错。

　　那一笔失败的生意，几乎使他多年辛苦经营的所得全部付诸东流，当时他十分沮丧、寝食难安。他认为自己在经营方面永无希望了，甚至想要从头开始去做一个普通职员，因为当时还有许多听起来不错的职位供他选择。

　　当天下午，他打算离开他几年来辛苦供职的公司，把所有的东西都束之高阁。

　　就在这时，原来一家经常与他有业务来往的公司经理去拜访他，"乔，你知道吗？我……"亨利把自己的烦恼都告诉了乔。乔听后，平静地说："现在是晚餐时间了，吃过饭再谈这件事吧。"

　　两人来到一家俱乐部里，点了很多美味可口的饭菜。席间两人东拉西扯，十分高兴。饭后，乔又和亨利打了几盘桌球，亨利几乎忘掉了烦恼。

　　分手的时候，乔问亨利："有什么麻烦需要我帮助吗？"亨利脱口而出："没什么大不了的，那只不过是我一时的冲动而已。"

　　回到家后，亨利美美地睡了一觉。第二天醒来，他感到一种前所未有的放松。这时他又想起前一天做的决定，不禁觉得十分可笑。从那天起，他决定在他的职位上继续努力，不再因任何阻力而放弃。后来，他的努力给企业带来了巨大利润，远远超出了他所造成的损失。

　　当一个人在精神上受到了刺激、情绪低落或身体不适时，千万不要草率地作决定，因为那时你的判断力已不再准确。你应该调整好自己的情绪，在充分考虑的情况下，综合各方面的实际情况再作决定，否则事后你一定会为你的草率而后悔。

任何刚开始创业的青年人，都要养成善于思考的习惯。就是在下决心之前，一定要对自己多发问，注意整理自己的思路，想想自己为什么会有这种决定。这个过程虽然看起来简单，但在处理难题的实际情况中往往会收到奇效。

一个很成功的推销员曾这样说："我的成功源于他勤于思考，多问自己几个为什么。""我甚至想出一个秘诀来这样做，"他说，"去拜访顾客之前，我一定要先静下心，喝杯咖啡，擦擦皮鞋。这样一来，在我真正踏入顾客办公室之前，我有一个最后思索的机会——想想如何表现自己。所得到的效果好极了！除了能使我从容地应付对方所提的问题外，还使我推销了很多的东西。"

所以我们说，无论所作决定重大与否，一定要在此之前给自己以思考的时间，多对自己发问。

不要为小事烦恼

人生有时很奇怪，也许我们许多人都能很勇敢地面对生活里那些大的危机，有时却被那些小事情搞得垂头丧气。甚至被无谓的忧虑打垮。

老约翰·洛克菲勒在他33岁那年赚到了他的第一个100万美

元。到了43岁，他建立了一个世界最庞大的垄断企业——美国标准石油公司。

那么，53岁时他又成就了什么呢？

不幸的是，53岁时，他却成了忧虑的俘虏。充满忧虑及压力的生活早已摧毁了他的健康，他的传记作者温格勒说，他在53岁时，看起来就像个僵硬的木乃伊。

洛克菲勒因为消化系统疾病，头发不断脱落，甚至连眉毛也无法幸免，最后只剩几根稀疏的眉毛。

温格勒说："他的情况极为严重，有一阵子他只得依赖酸奶活命。"医生们诊断他患了一种神经性脱毛症，后来，他不得不戴一顶扁帽。不久以后，他订做了一个500美金的假发戴上，从此一生都没有脱下来过。

洛克菲勒原来身体强健，他是在农庄长大的，有宽阔的肩膀，迈着有力的步伐。

可是，在多数人的巅峰岁月——53岁时，他肩膀下垂，步履蹒跚。

另一位传记作者说："当照镜子时，他看到的是一位老人。无休止地工作、体力透支、整晚失眠、运动和休息的缺乏，终于让他付出惨重的代价。"

他是世界上最富有的人，却只能靠简单饮食为生。他每周收入高达几万美元，可是他一个星期能吃得下的食物要不了两块钱。医生只允许他喝酸奶，吃几片苏打饼干。他的皮肤毫无血色，那只是包在骨头上的一层皮。他只能用钱买最好的医疗服务，使他不至于53岁就去世。

后来，医生告诉他一个惊人的事实，他或者选择财富与忧虑，或者选择生命，他们警告他：再不退休，"就死路一条"。

他终于退休了，可惜退休前，忧虑、贪婪与恐惧已经摧毁了他的身体。

当全美最著名的女作家艾达·塔贝尔见到他时，真是大吃一惊，她写道："他的脸上饱经沧桑，他是我见过的最老的人。"

医生竭尽全力挽救洛克菲勒的生命，他们要他遵守三项原则——这三项原则，终其一生，他都牢牢记住，这三项原则是：

（1）避免忧虑，绝不要在任何情况下为任何事烦恼。

（2）放轻松，多在户外从事温和的运动。

（3）注意饮食，每顿只吃七分饱。

洛克菲勒严格遵守这些原则，因此他捡回一条命。

他开始学习打高尔夫球、从事园艺、与邻居聊天、玩牌，甚至唱歌。他开始想到别人。

他终于不再只想着如何赚钱，而开始思考如何用钱去为人类造福。总而言之，洛克菲勒开始把他的亿万财富散播出去。后来，他成立了世界性的洛克菲勒基金会——旨在消灭世界的疾病与无知。后来他活到98岁。

生活中不可能事事顺心。"人世难逢开口笑，不如意事常八九。"可见，作为自然的生理反应，忧虑在所难免，它是人们身上一道难言的痛。

所以，要在忧虑毁了你以前，先改掉忧虑的习惯。

任何时候，当我们对某一件事拿不定主意，表示出忧虑的时候，让我们先停下来，用下面三个问题问问自己：

（1）我现在正在担心的问题，到底和我自己有什么样的关系？

（2）在这件令我忧虑的事情上，我应该在什么地方放下"到此为止"的最低限度——然后把它整个忘掉。

（3）我到底应该付这件事多少钱？我所付出的是不是已经超过它的价值？

第十二章

细节识人，小中见大
——细节判定品质

学会从身体语言看人

身体语言是一些不经意的动作。正因其不经意，所以很多人也就不在意它们了。但它们能真实地反映一个人潜在方面，如果能仔细观察，读懂身体语言，无论是交友还是用人，都将大有裨益。具体地可以从坐、立、行、走等身体语言来洞察一个人。

1.坐姿

坐在椅子上时，有不少人会交叉双脚或者立刻用手扶住椅把。坐在椅子上马上将脚交叠的人，是不喜欢输给对方且有对抗意识的表现。女性坐在车子里或客厅、办公室等地方，脚经常交叠的人也很多。

和上司或顾客谈生意时或会面时，双脚交叠，会被对方视为骄傲的人，有损对方对自己的印象。

女性两肘靠在桌面上交叠，同时又不断反复交叠后放下，放下之后又交叠时，是很关心男性对方的表示。在交谈之间，先将脚叠起来的人，是希望向对方展示自己特有的优势。另一种脚稍微叠起一点点是表示心里的不安。

在杨子荣初见座山雕时，杨子荣凭着练就的一双侦察员的眼睛，看出座山雕架起二郎腿，端坐在老虎椅上，是为了表现居高临下的优势，想探出杨子荣的来路和虚实。凭着丰富斗争经验，杨子荣从坐姿看出座山雕的虚张声势，而后从容应对，取得了座山雕的信任，顺利地完成了打入敌人内部的任务。

像手臂一样，交叉的双脚也显示了负面或防卫的态度。起初，双臂交叉在胸前，是为了保护心脏及上半身，而交叉双脚则是为了保护下半身。双臂交叉比双脚交叉表露更强烈的负面态度，而且比较明显。

2.立姿

古人云："坐如钟，站如松，行如风。"其中对立姿提出了要求——"站如松"。从一个人站立的姿势，也可看出其某种心理状态。人的立姿本身并不表示什么意思，但它也有一个相当广的变动范围：

站立时背脊挺直、胸部挺起、双目平视是具有充分自信的表现；并可给人以气宇轩昂、乐观向上的印象，此种立姿属开放型。

站立时弯腰曲背，或略现佝偻状，属封闭型立姿，表现出自我防卫、封闭、消沉的倾向。与对方相比较，精神上处于劣势显得紧张不安或自我抑制。

两手插腰的立姿也是具有自信心和精神上优势的表现，因为两手插腰属开放型动作，如果对面临的事物没有充分的心理准备是不会采用这个动作的。

双踝交叉站立，是一种习惯（防卫）动作，多见于女性。若在听人谈话时采取双踝交叉的立姿，表明一种基本上排斥和审视的态度。

双腕反交叉或假交叉站立多半是不安、紧张心情的流露。中国人比较经常采用反背着手站立或走路的姿势，表明若有所思或胸有成竹。

单人足踝交叉站立，表示一种保留态度或轻微拒绝的意思。只要足踝的交叉化解开了，这种保留或拒绝的意思也随之化解了。

将双手插入口袋站立（或行走）者具有不表露心思、暗中策划、盘算的倾向；若是与弯腰曲背的姿势相配合，则是心情沮丧苦恼的反映。

3.行姿

人们行走的姿态——步态是千姿百态、变化万端的，比如有消磨时间的散步、无精打采的漫步、大摇大摆的阔步、自得时的闲庭信步、节奏均匀的慢跑、风驰电掣的疾奔、老态龙钟的蹒跚、犹豫不决的徘徊、偷偷摸摸的蹑行、摇摇摆摆的跛行，等等。每个人在日常生活中都会用到其中某些步态。

每个人具有独特的走路姿势，能使熟悉他的人哪怕相隔较远也能认出来。至少有一些特征，是因为身体的结构而有所不同，但是步法、跨步的大小和姿势，似乎是随着情绪而改变的。假如一个人很快乐，他会走得比较快，脚步也轻快；反之，他的双肩会下垂，脚像灌了铅似的很难迈动。一般来说，走路快且双臂自在摆动的人，往往有坚定的目标而准备积极地加以追求；习惯双手半插在口袋中，即使天气暖和时也不例外的人，喜欢挑战而颇具神秘感。

一个自满甚至傲慢的人走路时，他的下巴通常会抬起，手臂夸张地摆，腿是僵直的，步伐是沉重而迟缓，似故意引起别人的注意。

一个人在沮丧时，往往拖着步子，将两手插入口袋中，很少抬头注意到自己往何处走。

走起路来双手叉腰像个短跑者的人，往往想在最快的时间内跑最短的距离，以达到自己的目标。他突然爆发的精力，常是在他计划下一步决定性的行动之前看似沉寂的一段时间内所产生的。

适当的步态可以表现出一个人朝气蓬勃、积极向上的精神状态，呈现出一种健美感，正如古人所说的"行如风"，会给人留下美好的印象。

男子走路贵稳健、迅捷；女子走路贵婀娜、轻盈，但以自然大方为好。

法国心理学家简·布鲁西博士发现，人的性格与行动有着很大的关系。从一个人走路的姿势、笑的样子、说话的方式等，甚至从一个完全出于无意的小动作，都可以推断出其当时的心理状态。即便是走路，也会反映出一个人的特点：沉着冷静的人走路时，步伐稳健；健步如飞的人，充满朝气。

另外，男女行走时，步态要求也不一样。男子走路时，头要端正，两眼向前平视，挺胸收腹，两肩不要晃动，步伐要稳健、有力。女子走路，头也要端正，不过目光宜温和平静，两手前后摇动幅度不要太大，步伐以飘逸、轻盈为佳。另外，不管男女，走路时，行走路线都应尽可能保持平直。不要两手插入衣袋、裤袋，也不要躬腰弯背，东张西望，边走边对别人品头论足；不要东摇西晃，无精打采，抢先或拖后，双手叉腰和倒背手；不要拖泥带水，重如打锤，砸得地板咚咚直响。

上班的路上要动作利落、抓紧时间。当领导喊你去他办公室的时候，尽管你还有没做完的工作，也要马上过去。当上司走到你的座位前时，要马上站起来。

上班走路不要慢慢腾腾，不要跑步或穿着嗒嗒响的钉鞋，不要影响别人的工作，要动作敏捷，步伐矫健，使人感到朝气蓬勃。

4.头部动作

将头垂下成低头的姿态，它的基本信息是"我在你面前压低我自己"，但是这种姿态不仅限于地位低的人。当同事或居上位者做此动作时，它的信息乃是以消极的方式表达："我不会只认定我自己"，然后变成这样的目标："我是友善的。"

头部突然高高抬起又回到原来的位置。这是在刚刚遇见但还不十分接近的时候，表示"我很惊讶会见到你"。在这儿，惊讶是关键性的要素，头部上扬代表吃惊的反应。距离较远的时候，头部上扬是用在彼此非常熟悉的场合。

摇头本质上是否定信号。

颈部把头用力转向一侧，然后再回到原来的位置，这是单侧的摇头，同样传递"不！"的信息。头部半转半倾斜向一侧是友善的表示，因为这种动作特别像是在与同路的人打招呼。

摇晃头部时，说话者正在说谎，而且试图压抑住要表示否定的摇头动作，但又不能彻底。

晃动头部，一般被用来表达特别惊讶的意思。其中隐含刚得知的消息是那么不寻常，以至于必须晃动头部才能确信这不是做梦。

头部僵直，表示一个人特别有魄力而且无所畏惧。

猛地把头垂下然后隐藏脸部，也可用来表示谦卑与害羞。在心怀敌意的情况下，把头低下则具有截然不同的意义，其主要差异在于眼睛向前瞪视敌人，而不是随着脸部而下垂。

头部轻轻地歪在一边，这个动作源自幼时舒适的依偎——小孩把他的头部依靠在父母的身上，当成年人（通常是女性）把头歪斜一侧时，此情景就像倚在想象中的保护者身上一样。

5.面部表情

如果说眼睛是心灵的窗户，那么可以说，面部表情是性格的窗户，人脸的情态与性格有着必然的密切关系。

性格达观者，平时开朗愉快，无忧无虑，这种人的面部表情总像在微笑，面部肌肉较为松弛，两唇微张，嘴角上扬，两腮上面的肌肉突出，抬头纹和眼角下的皱纹较明显。

性格内向者，平时安静沉稳，处事谨慎，表现为办事顾虑多，较孤僻。这种人的面部表情很不舒服，两唇紧闭一字型，显得嘴小了些，唇颊相接部位的皱纹和眼角皱纹较明显。

性格幽默诙谐者，平时快乐滑稽，妙趣横生，面部表情是嘴角上扬，口为上凹弧状而眼眉挑起成上凹弧，恰与口的上凹弧遥相呼应，眼睛眯成一条缝，总有一种引人发笑的感觉，幽默者一般抬头纹和眼角下的皱纹较明显。

性格忧郁者，情绪苦闷、孤独、焦虑、忧愁，其表情拘谨，极不舒展，眉间纹、人中纹和唇下纹一般表现得明显。屠格涅夫在《前夜》中对叶琳娜的面部表情有下面的描写："她的唇际，当她没有笑容时，却有一抹几乎看不见的浅痕，表现出一种隐秘的永在的焦虑。"唇际的这抹"浅痕"，正是她漂泊生涯中长期郁积心头的焦虑的痕迹。

6.目光

眼睛是心灵的窗户，它会毫不掩饰地表露出你的学识、品性、情操、趣味和性格。

心胸宽广、为人正直者，其目光明澈、坦荡。

目光执着的人，志怀高远；眼神浮动者，为人轻薄。

自信者，眼神坚毅、深邃；自卑者，眼神晦暗、迷离。

以下使用眼睛的不同方式，还会泄露一些个人不同的心底秘密：

当对方的眼睛看远方时，表示对你的谈话不感兴趣或在考虑别的事情。

对方的眼睛上下左右不停地转，表现出慌张时，可能是惧怕你而在说谎。这类人多半是心里有一定的难处，为了不失去对方的信任和帮助，而对某些真相有所隐瞒。

对方长时间凝视你，目光久久不移开时，说明他肯定有对你隐瞒的事情。这种情形一般是曾经向你借过什么，由于无法偿还而在躲避；或过去曾被人欺骗过，不希望让你知道；等等诸如此类的情况，所以在潜意识里有隐瞒事实的表现。

和异性视线相遇时故意躲开，表示关心对方，或对对方有意，但不敢让对方知道。

对方眼睛滴溜溜地转，这种人反复无常，容易见异思迁。

好像藐视对方的眼光，多表示敌视、拒绝的意思。

对方的目光发亮并冷峻逼人时，表示对人不相信，自身处于戒备中。

对方做没有表情的眼神时，表明心中有所不平或不满。

对方根本不看你，可视为对方对你不感兴趣或无亲近感。

目不转睛地注视对方谈话的人，一般表示较为诚实。

7.手部动作

在身体动作中，手的活动最为丰富，能够充分地表达出人的思想活动状况。在身体动作中，人们经常用手表达态度的方式有如下几种：

双手相搓，一般说来，此人的内心左右为难、烦躁不堪。

用手搔头很可能表示尴尬、为难、不好意思。

用手托住额头很可能表示害羞、困惑、为难。

双手插在胸前，一般是表明胸有成竹，对将要发生的事有思想准备。

双手插在口袋里，表明一个人内心特别紧张、对未来要发生的事情没有明确的心理预期。

双手叉腰，通常说明一个人的挑战、示威或感到自豪。

双手摊开，一般是表示真诚、坦然或无可奈何。

交谈中用手指做小幅度的动作，可能昭示其对你的提议不感兴趣、不耐烦或持反对态度。

俗话说：手有"手语"，脚有"脚语"。看似一些不轻意的小动作，都可以透露出一个人内在的机密。因此，了解这些身体语言的秘密，将会使你练就一双鹰一样敏锐的眼睛，使你更准确、更迅速地识别他人，赢得交往中的主动权。

从学习教育背景识人

法国文艺史学家泰纳在他的经典著作《艺术哲学》中指出：艺术是人的所在的环境、种族和时代三方面来决定的。对人而言，其出身、生活的环境，尤其是他所处的学习背景，都对一个人的性格、气质等有着很大的影响。

在现实生活中是否受过教育和受教育层次的高低对一个人也有着不同的影响。

随着时代的发展，社会的进步，教育普及面越来越广，教育程度也越来越高。小学、中学教育都可以算是普及性的教育，这种学习从最基本的文化需求开始，培养一个人基本的文化素养和道德水平。这种教育对一个人的影响是最大的，此阶段人的发育才刚刚开始，是性格塑造形成的初期，很容易接受外来的新事物，没有是非辨别能力，是精华糟粕一并吸收的。因此，在此阶段灌输的任何观念都可能被接受并影响其一生。所以这阶段的正规学习是最为重要的，对一个人今后的道德观、是非观都有着积极的作用。

随着高等教育的发展，越来越多的人进入高等院校。高等教育偏向于培养专业性、高水平人才，这对一个人今后的职业生涯有着重要的影响。

教育一方面对人的性格、素养、情操有着一定的影响，另一方面对每个人的收入水平也有一定的影响。有统计数据表明，随着受教育程度的提高，我国城镇职工年均教育收益率呈现出上升的趋势。相对于受小学教育者而言，初中、高中、中专、大学专科、大学本科的年均教育收益率依次为3.74%、5.24%、5.40%、6.24%和8.84%。然而，教育并不是影响个人收入的决定性因素，地区差异、行业差异、单位所有制差异、职业差异等因素对个人收入的影响也都非常显著。

不同国家的教育也不尽相同，国内和国外教育有着重大的差别。

在英国的英格兰大学，实行"考教分离"，教课的老师往往不负责该科目的考查和成绩评定工作。这种各司其职的教学方式让教师尽可能多地讲解知识。老师不断拓展教学的深度和广度。学生也尽可能地充实专业知识，学广学深。这促进了教学相长的灵活性，使教学有很大的扩展空间。而国内则是依大纲教学、依讲义考试，讲的人就是主考官。

另外，英国不以考试为唯一的评判标准。国外的大学里，普遍实行的是最终评定学生学习成绩时，学生平时的科研水平、实践表现、取得的科研成果和最后的考试成绩各占50%。此外，考试考核的答案也具有相当的灵活性，绝不存在国内考试的"得分点"，而是注重其科学性、灵活性、开创性。只要学生的解答言之成理、具有创新意义和研究价值，都会得到学校的认可和鼓励。

南京理工大学1999年招收的12名大专生，现在是英国一些知名高校的硕士生。在国内，低于本科录取分数线的高考成绩使他们只能就读于学历层次为大专的高等职业技术学院，可在英国高校学习两年后，他们不仅拿到了学士学位，还获得了一些英国名校的硕士研究生入学资格。在国内读大专时，他们被老师认为是基础较差、自制能力较弱、上课不爱提问、有点懒散的学生，可在国外读了两年后，父母说他们变得非常自信、独立，动手能力、创新意识都很强。

可见，国外教育着眼于教育的"人性化"和"创新性"的开发，因人施教，不同于国内的"精英教育"。在这样不同的学习背景下，自然会对人形成不同的影响。

但是，现代社会越来越倾向于不重学历重能力，在世界上大名鼎鼎的微软公司，明确地表明：你的学历只代表3个月，也就充分证明了这一点。而且现代国内也出现"海归"变"海待"的现象，可见，目前用人单位越来越侧重于一个人能力和经验的考察，而非单凭学历以及留学背景的考察。

据了解，随着归国留学人员数量不断增多，一度在国内人才市场动辄享受几十万元、上百万元年薪优厚待遇的"海归"逐渐失去光环，有部分甚至难以找到合适工作而不得不待业，被人们称为"海待"。

有留学背景的人越来越多："海归"为什么沦落成"海待"呢？广州留学人员服务管理中心副主任张一林坦言，这主要因为"海归"的成分发生变化。留学已从19世纪八九十年代的精英教育转变成现在的大众教育，从留学生的总体素质来说，相对地降低了。特别是部分留学生中有的人在国内读不到好的大学，就出国念一年商科拿个学位。这部分留学生中相对的平庸者在就业时碰到了困惑。

与一般的就业群体相比，特别是每年投入10多万元甚至20万元，将留学背景看成是就业筹码的自费留学生来说，就业时对薪水的期望无疑是相当高的。

留学生小柳从英国学成回来之后，一直想在香港找一份工作，经过努力，的确也找到了一份月薪1.5万港币的工作，但最后因为户口的问题作罢。当他来到中国留学服务中心广州分中心时，他的要求是找一份月薪1万元上下的工作。

但工作人员分析说："这是不可能的。"因为在广州，应届大学生月薪不过1200～2000元；而香港应届本科生的基本月薪就是1.2万元，硕士是1.5万元。但让广州企业以香港价格来请他，那是不可能的。

某大型国企的人力资源副总监表示，面对应聘者的留学经历，用人企业人力资源管理部门早已变得相当理智，并不会因为应聘者的留学背景而特别地看重或者歧视。相反地，因为国外的学校档次参差不齐，留学成为有钱就可以办到的事，单位会根据留学生在国外就读学校的声望和在国内就读的学习背景来仔细甄别应聘者的实力，如果留学生在国内就读的本科院校并不好，那么他即便在国外读了博士回来，也可能不容易相信他的实力。

广州留学人员服务管理中心的同志也分析说："虽然有部分的'海待'，但这并不意味着'海归'已经过剩。从整个国家受教育的程度来说，中国的教育水平还是比较低，对人才的需求仍旧很大。当前所出现的'海待'现象，主要是因为信息不对称而造成的，留学生还需要和市场不断磨合。"

有专家指出，目前"海归"变"海待"是社会发展的必然现象。和60多万名还在国外的留学人员人数相比，回国的19万人还只是一小部分。实际上，我们依然需要大量"海归"，尤其是那些高素质、高层次的"海归"。"尖端的人才依旧难求，现在我们这儿的招聘职位很多，很多企业需要学历高又有工作经验的技术经理、海外营销经理，但在我们的留学生资料中很少有符合这些条件的。"用人单位表示。

"'海待'的出现有弊也有利。"广州某人力资源顾问服务公司总经理认为，"海待"的出现说明我们不再唯学历、出身用人，而是更注重凭人才的自身素质和能力选人。这也提醒那些想借着出国留学镀金的人，不要试图靠一张海外文凭回来就想搞特殊化，还是要抱着一颗平常心参加公平竞争，靠能力来证明"海归"的价值。

因此，对现实生活中的人们来说，要想展示自己的实力，不必顾忌自己的出身，相信"天高任鸟飞，海阔凭鱼跃"；而对一些用人者来说，也不要带着有色眼镜看人，应该有"英雄不问出处"的胸怀和气度，这样才能真正挖到你需要的将才。

衣着打扮会展示人的性格

服装在我们的日常生活中占有非常重要的地位。穿着打扮不仅反映一个人的修养、职业，同时也反映其个性与心理。心理学家从服装的颜色、式样等选择上，分析了人的不同个性与心理。

有的人穿着华丽，这样的人大多自我表现欲很强。假如华丽程度过分，就成了所谓的奇装异服。一般而言，穿着奇装异服者，除了自我表现欲极强外，还对金钱也有着很强烈的欲望。

有的人穿着朴素，这样的人一般都有些固执，缺乏主体性。全身服装朴素，却着重某一华丽装饰的人，虽属于顺应体制型，也拥有个性化的自我主张。他们常常想利用一处醒目来掩饰其他弱点，即"一俊遮百丑"。例如：对自己面容缺乏自信心的女子，会试图以穿迷你裙来转移别人的注意力；秃顶的男士则试图穿进口的高级皮鞋来抵制别人对其秃头的注意。

有的人对流行时装特别敏感，这样的人多缺乏主见，对自己缺乏信心，别人穿什么，自己则随之而择，在清一色的流行时装里掩饰自己的缺点。

还有一些人根本就不考虑自己的个人喜好，仅是由于流行，便一味地追求赶时髦。这种人大都具有孤独感，情绪也不稳定。

对流行毫不在乎的人，大多有自己的独特个性。但也有些人由于种种原因，而把自己关在象牙塔里，唯恐被人"同化"而失去自我。这样的人在为人处世上很难左右逢源。

穿着的服装无定型，其式样、颜色、质料变换无常，让人无法了解他的真正喜好的人，大多情绪不稳定，缺乏协调性。他们从不想积极地适应社会，只是一味地选择逃避。

还有一种人，本来一向穿着特定格调的服装，可是，突然之间穿起了与以前格调完全不同的服装来。这种人大多在物质或精神方面受到了新的刺激，情绪有所变化，或内心有了新的决定。

　　衣着打扮也是一种语言，这门语言，在人际交往中有着不可估量的作用。在与人打交道过程中，特别是与陌生人初次见面，对方就是从衣着来获取你的内部信息的。

　　在服装品类细节方面，有特殊爱好的往往也隐含某些不易察觉的潜意识——

　　（1）对白色衬衫有偏好的人：男性往往缺乏爱情，清廉洁白，是现实主义者；女性，尤其是年轻女性，往往希望自己年轻纯洁、能吸引异性、有好人缘并给人以别致感觉。

　　（2）喜欢T恤的人：虽树敌很多，却是肯努力求上进者。

　　（3）喜欢传统服装如中山装的人：庄重，性格含蓄，从某种意义上说是传统保守型的人士。

　　（4）喜欢穿西装的人：大多开朗、积极、大方，具有自信、交际广泛，属活跃型人物。

　　（5）对运动服、牛仔装感兴趣的人：性格中不受拘束的成分多一些，我行我素，更为年轻、活跃、精力充沛。

　　（6）喜欢穿宽松尺寸衣服的人：意欲掩饰身材缺陷，同时有扩大自己势力范围的欲望。

　　（7）爱穿垫肩衣服的男士：意欲显示和夸大男性的威严，女性喜欢垫肩则是为了强调自己具有坚强的性格。

　　整洁漂亮的衣着是你的一块敲门砖，但决不能把它当成摇钱树。外在的东西毕竟不是一成不变的，只有聪明的头脑和熟练的业务成绩才是你成功的砝码。现在的上班族，男性以穿西装革履最为常见。西装、白衬衣、领带、皮鞋、公文包，这是典型的上班族服饰。虽然大同小异的男性服饰，掩盖"男儿"本性，但我们总能在"万绿丛中"找出"一点红"。

比如西装吧，如果展现在你面前的是一身裁剪合体，质地优良的西装，那么我们就可以断定西装的主人经济能力还不错，而且有品位，生活态度也很严谨。

再看衬衫，领口总是干净如新，袖口也鲜见污痕，而且没有皱褶，那么我们就可以推断这是一位讲究卫生的人。如果他已经有家室，那么透过他的衣衫，我们看得出，他有个贤内助，他的背后有个好女人；如果他至今还是单身，姑娘们，你们可要抓紧了，讲究衣着的小伙子不错哟！

再者，我们可以从男人脖子上看出一些门道来。有人说男人脖间有艺术，这话有一定的道理。从领带的不同打法和色彩搭配上，我们可以看出男人的性格呢。

如果把领带的结打得又小又紧，这表明他气量狭窄，疑心孤单，一毛不拔，遇事先替自己打算，不易结交朋友。

如果把领带的结打得不大不小，这表明该人安分守己，为人彬彬有礼，勤奋用功，在事业上一丝不苟。

如果把领带的结打得又大又松，这表明该人富于感情，文质彬彬，善于与人交往，在社交场合颇得女同事的欢心。

如果用红色领带搭配白色衬衫，这表明他具有火一般的热情和纯洁的心地。

如果用深蓝色的领带搭配白色衬衫，这表明他少年老成，有君子风度，却是急功近利的事业家。

如果用绿色领带搭配金色衬衫，这表明他富有青春活力与朝气，对事业有信心，却不免性情鲁莽。

如果用五彩领带搭配浅蓝色衬衫，这表明他富有热烈的市侩气，心猿意马，见异思迁，对爱情不专一。

如果用黑色领带搭配白色衬衫，多为稳健持重之士，善明辨是非，富有正义感。而黑领带搭配灰色衬衫，性情阴沉，量狭而多欺诈。

如果用黄色领带搭配绿色衬衫，这样的人多具有诗人或艺术家的气息，性情温柔，对人和蔼可亲。

如果用灰色领带搭配黑色衬衫，这样的人多思想消极，对人态度模棱两可，可能是一个厌世主义者。

常言道，人靠衣装，佛靠金装，能透过衣装看入腠理，才是真正有本事呢。

看人要注意他的交际圈子

人是很复杂的，了解一个人并不是一件简单的事。但只要我们注意观察，就可以通过一个人的喜好了解他的素质、修养和品德。

每个人都有一种了解别人的愿望。因为只有了解别人之后，你才能在交友时有所选择。

物以类聚，人以群分。只有性情相近、意气相投的人，才能走到一块儿成为朋友。如果他的朋友都是一些不三不四、不伦不类的人，他的素质也不会太高；如果他结交的都是些没有道德修养的人，他自己的修养也不会太好。有的人交朋友以性格、脾气取人，认为能说到一块儿就是朋友；有的人则以追求取人，有相同的追求就能成为朋友；有的人则因为爱好相同而走到一起。但无论如何，只有两个修养相当、品质差不多的人才能成为永久性的朋友。所以，了解一个人的朋友也就了解了这个人。

嗜酒者，一杯薄酒就能成为结缘的纽带；弄墨者，一篇文章就能结金兰之好；好斗者，一次偶遇就能变成至交。有共同的爱好才有语言的交流；有相近的思维才有永远谈不完的话语。共同的志趣是人以群分最基本的前提，有了共同的志趣，相互间才有可能发展出深厚的友谊，才容易达成认识上的一致、感情上的沟通、行为上的理解。

因此，如果一个人的朋友爱喝酒，那大致可以推断此人也爱杯中物；如果一个人的朋友爱打架，那可以判断此人也是生性暴躁、爱动暴力之人，这就是所谓的"近朱者赤，近墨者黑"。这表明跟什么样的人在一起你会变成什么样的人。

有这样一个人，他说他决不会给消沉的想法以任何的机会，在他的脑子里，情绪低落、心态消沉就意味着失败。他也不会与这样的人交往，因为这样的人会给他带来不良的影响。

我们必须承认这样的事实：我们总是在不知不觉中受到周围环境的影响。物以类聚，人以群分。成功者总是与成功者交友，失败者也总是与失败者为伍。不幸的人吸引不幸的人，而散漫者的朋友里也都是散漫的人。

你知道人为什么犯罪吗？一位对犯罪很有研究的学者是这样解释的：当人初次与罪犯接触时，是恐惧罪行的；如果继续与罪犯在一起接触一段时间，他便对罪行习以为常并开始容忍罪行；如果与罪犯在一起的时间更长，他就会跟着去犯罪，于是，也成了罪犯。

所以，要减肥千万不要与胖子在一起，要进步就不要与落后的人在一起，要积极就不要跟消极的人在一起。跟对人，跟对环境，在接受并消化这一观念的同时，这一点要引起高度重视，这是这个观念中尤其要注意的一点。

交友有一个选择的过程。开始是结识和初交，在交往过程中互相了解以后，才由初交成为熟悉的朋友。朋友可以是暂时的，也可能是永久的。从学习、工作的需要出发，本着互惠互利、共同发展的原则，结交一些志同道合的朋友是有益的。如果不仅志同道合，而且感情深厚、心灵相通，这样就可以从合作共事的朋友变成生死相依、患难与共的知音知己。

因此交友一定要分清君子和损友。

交什么朋友，怎样交友，这是一个问题的两个方面。朋友有君子，有损友，交友也有君子之交和损友之交。君子之间的友谊平淡清纯，但真实亲密而能长久。损友的友谊浓烈甜蜜，但虚假多变，经不起时间的考验。

对待品行不好之人，不即不离，需要一种忍的精神。能忍者，方能成大事。人的最高精神素质是不受一时冲动的情绪所摆布。没有一种胜利比战胜自己及自己的冲动情绪更伟大，即使当激情影响你的时候，也不要让它影响你的地位，特别是当你的地位对你很重要时。这是避免麻烦的明智之途，也是获得他人尊重的捷径。

君子之交以互相砥砺道义、切磋学问、规劝过失为目的，友谊是建立在互相理解、思想一致的基础之上的，故虽平淡如水，但能风雨同舟、生死不渝。

君子之交和损友之交的区别在于"同道"还是"同利"。损友之交因为是为了私利而互相勾结，所以见利就争先，利尽就交疏。这样的朋友是假朋友，或者是暂时的朋友。君子之交是坚持道义的原则和社会的使命，所以能够相益共济、始终如一。这样的朋友才是可靠的真朋友。我们要交志同道合的真朋友，不要交追逐私利的假朋友。

要选准真朋友也并不那么简单，所以古人常有"相识满天下，知音能几人"的慨叹，对于"世味年来薄似纱""知人知面不知心"的炎凉世态痛心疾首。

为此，当你在经营自己的交际圈时，一定要注意营造一张健康的关系网。

图书在版编目（CIP）数据

细节决定成败 / 文德编著. — 北京：中国华侨出版社，2017.12（2018.9 重印）

ISBN 978-7-5113-7283-3

Ⅰ. ①细… Ⅱ. ①文… Ⅲ. ①成功心理－通俗读物Ⅳ. ①B848.4-49

中国版本图书馆CIP数据核字(2017)第309057号

细节决定成败

编　　著：文　德
出 版 人：刘凤珍
责任编辑：姜薇薇
封面设计：李艾红
文字编辑：李　波
美术编辑：杜雨翠
经　　销：新华书店
开　　本：880mm×1230mm　1/32　印张：8.5　字数：172千字
印　　刷：三河市万龙印装有限公司
版　　次：2018年1月第1版　2021年11月第12次印刷
书　　号：ISBN 978-7-5113-7283-3
定　　价：36.00元

中国华侨出版社　北京市朝阳区西坝河东里77号楼底商5号　邮编：100028
发 行 部：（010）88893001　　传　真：（010）62707370
网　　址：www.oveaschin.com　　E－m a i l：oveaschin@sina.com

如果发现印装质量问题，影响阅读，请与印刷厂联系调换。